Lars und Annette Freudenthal

Cafés & Ateliers Südlicher Schwarzwald

Besondere Menschen und Orte laden ein

J. BERG

Inhalt

Eine märchenhafte Kulisse erwartet uns in Simonswald beim *Café Märchengarten* (ab S. 128).

ZweiTälerLand, Schönwald, Königsfeld

Begegnungen

Sich in ein Café zu setzen, sich bei Kuchen und Snacks eine Pause zu gönnen, ist für uns selbstverständlich. Auf der anderen Seite finden wir es spannend, über die Kunsthandwerksmärkte zu schlendern und uns an den oft kleinen, zuweilen aber auch mehrere Zentner schweren Skulpturen und Plastiken zu erfreuen. Führen wir beides zusammen, dann erhält eine Region durch ihre Cafés und Künstler ihren ganz eigenen Charakter.

Nur selten aber haben wir die Gelegenheit, die Menschen kennenzulernen, die uns mit ihren Ideen einen angenehmen Aufenthalt bereiten. So sind wir also losgezogen und haben einige der schönsten und interessantesten Cafés in Freiburg und im südlichen Schwarzwald besucht. Vor Ort stießen wir auf ein Füllhorn voller Geschichten und Erlebnisse, die genug Stoff für zwei oder drei Bücher ergeben hätten. Die Aufmachungen der einzelnen Cafés sind dabei so verschieden wie die Charaktere dahinter. So sind die einen durch ihre Familie in den Betrieb hineingewachsen, während andere aus einer ganz anderen Richtung zur Gastlichkeit gefunden haben. Alle aber eint, dass sie ihren Gästen einen Raum der Vertrautheit und Begegnung bieten und bei all ihren Entscheidungen sehr individuell vorgehen. In der Summe bilden sie damit den willkommenen Gegenpol zu den ewig gleichen Ketten.

Ebenso hielten unsere Besuche bei den Künstlern manch eine Überraschung bereit. So war uns nicht bewusst, dass diese gerne – und aus unterschiedlichsten Gründen – ihr Atelier in der Nähe anderer Künstler eröffnen. In Bernau etwa sind die Holzbildhauer-Werkstätten alle aus der von dem Maler Hans Thoma initiierten Holzschnitzschule hervorgegangen. Andere wiederum hat es in einsam gelegene Täler oder auf Bergkuppen abseits der nächsten Siedlung verschlagen, wo sie Wanderern durch ihre im Freien ausgestellten Werke auffallen.

Obwohl wir beide am Fuß des Schwarzwalds aufgewachsen sind und schon etliche Bücher über Deutschlands größtes Mittelgebirge geschrieben haben, entdeckten wir selbst für uns neue Orte und Gegenden. Dabei lernten wir warmherzige Menschen kennen, die sich ihren Traum verwirklicht haben und auch ihren Mitmenschen das Leben lebenswert machen.

Wir wünschen Ihnen ganz ähnliche Erfahrungen. Lassen Sie sich auf die Begegnungen ein und ziehen Sie selbst los, um mit den Menschen vor Ort ins Gespräch zu kommen. Denn damit wird auch Ihnen der Schwarzwald von Mal zu Mal vertrauter und das gute Gefühl geben, einen besonderen Ort gefunden zu haben.

Ihre
Annette und Lars Freudenthal

Simon Stiegelers Sternsucher blicken in Grafenhausen zum Himmel (ab S. 80).

Markgräflerland und Südschwarzwald

Matthias Hartmann

Bildhauer zwischen Basaltstädten und Tanzenden

Es ist ein Knochenjob. Basalt erreicht auf Mohs Härteskala einen Wert von 6 bis 7. Zum Vergleich: Der von Stein- und Bildhauern gern verwendete Marmor hat einen Härtegrad von 3, Kalksteine erreichen einen Wert von 3 bis 4. Am oberen Ende der Skala thront der Diamant mit dem Härtegrad 10. Letzteren verwendet Matthias Hartmann, um aus Basaltsäulen Fantasiestädte, Orte der Sehnsucht, zu erschaffen: »Dem muss man schon mit speziellem Werkzeug zu Leibe rücken. Sonst passiert da nicht viel.« In einem ersten Bearbeitungsschritt werden störende Teile des Basalts mit Diamantscheiben geflext und abgeschlagen. Nach dem Schleifen greift der Bildhauer zum Meißel – damit lassen sich auch feinere Ornamente bearbeiten oder Fensterchen und Türchen sowie Treppen herausarbeiten. Zugleich gilt es, die naturgegebene geometrische Grundform wahrzunehmen und zu nutzen. Ob eine Basaltsäule fünf oder sechs Ecken hat, beeinflusst die Form der Dächer, aber auch die sich darunter entwickelnden Wände und wird so zum Teil der Lebensphilosophie: »Alles beginnt mit dem Sehen. Was du sehen und erkennen kannst, das gilt es zuerst mal umzusetzen. Danach öffnen sich neue Perspektiven, und du kannst weitersehen und weitergehen, Schritt um Schritt.«

Knapp 20 Jahre hat Matthias Hartmann in Westfalen gelebt und als Bildhauer-Geselle gearbeitet. Dort wuchs seine Familie auf insgesamt acht Kinder an. Im Jahr 2019 zog es ihn mit Familie wieder in den Süden, genauer gesagt auf den Stohren in die Gemeinde Münstertal, woher seine Ehefrau Erika stammt. Nach einem Jahr an der Meisterschule für Steinmetze und Bildhauer in Freiburg schloss er diese erfolgreich mit seinem Meisterstück *Michael mit Drache* ab. Diese Zeit sieht er selbst heute kritisch: »Es ist die Frage, ob es überhaupt notwendig ist, um sich mit einem künstlerischen Schwerpunkt selbstständig zu machen. Weil das ein Jahr voller Stress war.« Wer an Meisterschüler denkt, die Kunstwerke auf Papier skizzieren, um danach den Hammer zu schwingen, irrt. »Man sitzt extrem viel am Laptop, lernt viel über Dübel-Techniken, Betonfundamente und Normen.« Früher habe der Schwerpunkt auf Schreiben, Zeichnen und

MATTHIAS HARTMANN
Kirchgasse 2 • 79618 Rheinfelden-Minseln • Tel. 07623/966 44 66 • atelier-dinkelberg.de
Öffnungszeiten: Mo–Fr und nach Vereinbarung

M. Hartmanns Tipp

Grenzüberschreitender Rundweg: Am Haus Salmegg in Rheinfelden-Baden den Rhein an seiner tiefsten Stelle über die Alte Rheinbrücke zur Altstadt von Rheinfelden-Schweiz überqueren, flussaufwärts zum neuen Wasserkraftwerk wandern, hinüber nach Deutschland queren und entlang der Stromschnellen und über den Höllhoge zum Ausgangspunkt zurückkehren

Gestalten gelegen. »Das ist im Zeitalter der Digitalisierung minimal geworden.« Das in Betrieben und Büros gängige Zeichenprogramm CAD war für Hartmann ein Horror – am Computer Schablonen zu entwerfen, sei ihm zwar gelungen, »aber die praktische Arbeit am Stein lief energetisch deutlich besser«.

Der Schritt in die Selbstständigkeit erfolgte im Herbst 2020. Platz fand die Künstlerwerkstatt zunächst im Hof der Schwiegereltern. Durch die Lage am Schauinsland lag der Name des Ateliers auf der Hand. Auch schien die ländliche Gegend mit ihrem ursprünglichen Charakter prädestiniert für kreatives Arbeiten. Material sowie das nötige Werkzeug lagen bereit. Was anfangs fehlte, war die Kundschaft. Eine mehrmonatige Durststrecke nutzte Hartmann also, um einige Anschauungsstücke aus Basaltstein herauszuarbeiten. Als wichtiges Kriterium nennt er, den Stein in seinen Grundformen wahrzunehmen und zu fühlen. »Da klopfe ich auch dran herum. Manchmal haben die Steine noch gewisse Stiche.« So nennen Bildhauer Risse im Stein, die sich mithilfe der Klangprobe aufspüren lassen. Im Idealfall gibt der Stein einen sauberen Ton ab. Stiche verursachen hingegen ein schepperndes Geräusch. In Einzelfällen lasse sich eine

Störung oder Spaltung der Basaltsäule in das Werk integrieren. Meist aber sei es besser, den Bereich komplett zu beseitigen und mit einem wieder gesunden Rohblock zu arbeiten. Noch wichtiger sei dies bei Porträts: »Ein Stich mitten im Gesicht kann dazu führen, dass die Nase scheppert.« So etwas auszuliefern, gehe gar nicht. Trotz aller Härte des Materials sei hier Fingerspitzengefühl nötig, um ein harmonisches Porträt zu bekommen.

Eine Auswahl fertiger Basaltstädte installierte Matthias Hartmann bei der Baumschule Vonderstrass in Freiburg-Lehen und bei der Staudengärtnerei Gräfin von Zeppelin im südbadischen Sulzburg-Laufen, zwei besondere Orte mit Publikumsverkehr. Der Blickfang gelang. Mit dem nächsten Frühjahr kamen erste Anfragen und Aufträge. Inzwischen liefert er seine Basaltstädte im gesamtdeutschen Raum aus.

Der Umzug nach Rheinfelden-Minseln erfolgte im Juli 2022. Die Gründe liegen im Privaten: Zum einen vertrug sich das Nebeneinander von Künstleratelier und landwirtschaftlichem Betrieb mehr schlecht als recht. Und dann war da noch die Entfernung zur nächsten Schule. Zusammen mit seiner Frau Erika hatte Matthias damals noch fünf Kinder im schulpflichtigen Alter. »Vorher waren wir eine Art Schülertaxi bis nach Freiburg. Jetzt ist die Bushaltestelle gleich um die Ecke.« An die neue Wohnung in Minseln waren die Hartmanns über eine unscheinbare Zeitungsannonce gekommen, die sie erst auf den zweiten Blick angesprochen hatte. Dann aber entpuppte sich

Matthias Hartmann nutzt die Eigenschaften der Basaltsäule. Dabei reichen ihm wenige Striche, ehe er zu schwerem Werkzeug greift. Neben Städten entspringen auch Echsen dem Basalt. Die Figurenreihe *Die Tanzenden* ist ein Bronzeguss.

dahinter ein altes Pfarrhaus mit großem Garten, der nun als stilvolle Ausstellungsfläche dient. So wechselte nach nur anderthalb Jahren am Schauinsland mit dem Umzug in die neue Umgebung auch der Name der Werkstatt von *Atelier Schauinsland* zu *Atelier Dinkelberg*. Die Kalkinsel im Hochrheintal ist niedriger, bietet aber eine ebenfalls imposante Fernsicht auf die Alpengipfel und den Südschwarzwald.

Ein Glücksfall ist die ins Gebäude integrierte Scheune. Hier befand sich einst der Stall für die Tiere des Pfarrers, später diente sie als Turnzimmer für die Dorfbewohner. Nach einigen Renovierungsarbeiten ist hier nun das Bildhaueratelier untergebracht. Stellenweise ist noch der gestampfte Lehmboden vorhanden, ein idealer Untergrund für das Arbeiten mit Steinfiguren. Geblieben ist auch, dass der Schaffensprozess stets mit einer eigenen Idee beginnt; und wenn es der Wunsch eines Kunden ist. »Diese gilt es weiterzuentwickeln und zu konkretisieren.« Sobald die Idee erst einmal klar skizziert sei, könne sie recht schnell umgesetzt werden – sei es in Stein oder im klassischen Modellieren von Ton und Gips für den Bronzeguss.

Mit den Bronzeplastiken nennt Hartmann seinen zweiten großen Schaffensbereich. Neben den mit dem Boden fest verwachsenen Basaltstädten scheint seine Figur *Tanzende* zu schweben. Auch diese darf angefasst werden. »Das Auge macht zwar viel, aber mir geht es auch um das Spüren. Ist eine Oberfläche rau oder glatt? Wie fühlt sie sich an? Worte oder Blicke allein sind zwar wertvoll – damit fängt es meistens an –, aber Berührung kann therapeutische Wirkung haben und heilsam sein.« Bei den *Tanzenden* ist es die harmonische Einswerdung in der Bewegung, mit der das Paar fest miteinander verbunden durch den Raum zu schweben scheint. Von der rund 28 Zentimeter hohen Bronzeplastik gibt es nur zwölf Exemplare, womit diese noch als Unikate gelten.

Den Schritt in die Selbstständigkeit beschreibt der Künstler heute so: »Es braucht eine klare Vision und dann den beharrlichen Glauben daran.« Zugleich ist ihm seine handwerkliche Arbeitsweise enorm wichtig. »Was du als Künstler hineingibst, beim Betrachten, schon beim Betasten oder Darüber-Nachsinnen, das wohnt dann auch darin. Egal welches Material, ob das ein Papier ist oder Stein oder Bronze, ob es ein Gemälde oder ein Musikstück ist. Da schwingt viel mehr mit als bei einem rein maschinellen oder digitalen Gebilde. Durch den kreativen Entstehungsprozess wird das Werk beseelt.«

Basaltstädte zu erschaffen ist Knochenarbeit. Die immer andersartigen Kunstwerke regen die Fantasie des Betrachters an.

Sabine Kluge

Hakenjos-Keramik-Kunst aus der Tonstadt Kandern

Als die Tonwerke Kandern Ende des 19. Jahrhunderts mit der Herstellung von hochwertiger Keramik begannen, war die Familie Hakenjos bereits mit an Bord. Der in Sankt Georgen geborene Hermann Hakenjos besuchte damals die Kunstgewerbeschule in Karlsruhe. Dort war er Professor Laeuger aufgefallen, der ihn 1898 nach Kandern holte und als Kunstmaler beschäftigte. Als Laeuger 1914 in Karlsruhe eine neue Werkstatt eröffnete, folgte ihm Hermann Hakenjos zunächst, wurde dann aber in den Krieg eingezogen und geriet in Gefangenschaft. 1920 kam er zurück nach Südbaden, wo er zunächst die Kunsttöpferei der Tonwerke Kandern leitete und später für die Fayence-Manufaktur neue Glasuren entwickelte. 1934 erfolgte die Gründung der Keramikwerkstatt Hakenjos.

Hermann Hakenjos war der Urgroßvater von Sabine Kluge, die den Familienbetrieb in der mittlerweile vierten Generation leitet. Die Arbeit mit Ton und Keramik ist ihr quasi in die Wiege gelegt worden. »Damit ist man als Kind schon so verbunden. Viele Kinder finden Ton schön, und wenn du das dahast, dann machst du mit.« Und obwohl neben der Mutter auch der Großvater im Betrieb mitarbeitete, fühlte sie sich nie dazu gedrängt, mit Ton zu arbeiten. »Ich habe Spaß gehabt, mit den Händen etwas zu machen. Und wenn man in der Werkstatt sieht, wie etwas entsteht, da kriegt man einfach Lust drauf.«

Damit war für Sabine Kluge früh klar, dass sie mit Ton und Keramik arbeiten will. So wäre es ihr zwar möglich gewesen, nach der Grundschule aufs Gymnasium zu wechseln, doch ihren Lehrern entgegnete sie: »Ich brauch doch kein Gymnasium, ich weiß doch schon, was ich werden will.« Stattdessen besuchte Sabine Kluge die Realschule. Im Abschlussjahr folgte 1979 mit dem Tod ihrer Mutter ein früher Schicksalsschlag. Es war einer der wenigen Momente, in denen ihr Großvater sie drängte, bald mit der Lehre zu beginnen. Denn eigentlich sollte sie diese bei ihrer Mutter absolvieren, nun aber musste er einspringen. Die Zeit nach der Schule verlief somit ganz anders als

SABINE KLUGE
Hauptstraße 2 • 79400 Kandern • Tel. 07626/320 • hakenjos-keramik.de
Öffnungszeiten: Mo–Sa 9.30–12.30 Uhr oder nach Vereinbarung,
Mo/Di/Do/Fr 14.30–18 Uhr

Sabine Kluges Tipp

Schloss Bürgeln bietet nicht nur eine herrliche Aussicht, es gibt auch Schlossführungen und ein Restaurant, das für das leibliche Wohl sorgt.

geplant, doch weil alle unter einem Dach wohnten, habe man sich gegenseitig aufgefangen. »Man hat dadurch eine stärkere Bindung aneinander gehabt.« Im Betrieb war es bald ihre Aufgabe, die Töpferwaren zu bemalen.

Mit der Meisterschule folgte die nächste Hürde. Ihre Großmutter stand damals mit über 80 Jahren noch selbst im Laden, und auch ihr Großvater hatte die 80 längst überschritten. Doch der Meister war Voraussetzung, um den Betrieb übernehmen zu können. Eine wertvolle Stütze fand die Familie in einem Gesellen, der den Betrieb am Laufen hielt, während Sabine Kluge die Meisterschule in Höhr-Grenzhausen im Westerwald besuchte. Freitags stellte sich dann stets dieselbe Frage, ob es noch etwas Wichtiges in der Schule gebe. War das nicht der Fall, ging es auf schnellstem Weg zurück ins Kandertal, wo sie im Akkord all das bemalte, was der Geselle hergestellt hatte. Sonntags fuhr sie dann flugs zurück in den Westerwald und saß als eine von zwölf Meisterschülern wieder auf der Schulbank. Auch ihre Mitstreiter mussten neben der Schule in ihren Betrieben anpacken. »Wir haben immer gesagt, wenn wir fertig sind und den Brief haben, dann machen wir eine Sause.« Den Meisterbrief hatte die Südbadenerin 1990 in der Tasche. Die Sause fiel jedoch aus: »Wir haben alle nur noch nach Hause wollen, das war so anstrengend.« Zwei Jahre später starb der Großvater, und der Betrieb ging an die damals knapp 30-Jährige.

Auf die Frage, ob sie denn in all der Zeit mal wegwollte, raus aus Kandern und weg von der Werkstatt, schüttelt die Keramikmeisterin den Kopf. »Es wird zunehmend schwieriger. Man muss laufend die Produktpalette ändern, denn die Leute haben mittlerweile alles.« Während die Nachfrage nach den klassischen Produkten wie Geschirr, Wandreliefs und Plastiken sowie Wandtellern zurückging, kam die Schmuckstück- und Ketten-Produktion als neues Standbein hinzu. »Die jungen Leute möchten nichts Bemaltes mehr und sich nichts hinstellen, was staubig wird. Das ist der Zeitgeist.« Als neuer Kundenstamm kamen US-Amerikaner hinzu. Dort schätze man die Handwerkskunst und die alten Dekore als »typisch Old German«.

Heute bietet Sabine Kluge auch Führungen durch ihre Werkstatt an. Neben der Geschichte der Kunsttöpferei in Kandern ist es ihr wichtig, den Teilnehmern ein Gefühl für die zeitintensive Herstellung der Keramiken zu vermitteln. Als Beispiel dient ein einfacher Milchtopf aus original Kanderner Töpferton: »Bis allein der Ton zum Anfangen fertig ist, sind das schon sechs Arbeitsgänge. Bis zum fertigen Töpfle sind das dann 28 Arbeitsgänge.« Rechnet man Mehrwertsteuer, Strom und das Brennen hinzu, bleibe bei einem einfachen Krug finanziell praktisch nichts übrig.

Bereut hat Sabine Kluge ihren Werdegang dennoch nie. »Die Arbeit befriedigt mich. Ich könnte mir nichts anderes vorstellen. Das ist so abwechslungsreich, und man sieht am Ende des Tages, was man geschafft hat. Man hat mit Kunden zu tun, und es ist eine Familien-

Sabine Kluge führt die Keramikwerkstatt Hakenjos in der vierten Generation und hat bis heute Freude an der Arbeit an der Töpferscheibe. Das zeigt auch ein Blick in ihren Ausstellungsraum unterhalb der Werkstatt.

Stk. 12,-€

tradition. Das ist für mich erfüllend.« Ihrer Berufung habe sie auch ihre Familie untergeordnet und sich bewusst gegen Kinder entschieden. Denn in der Werkstatt werde viel mit Chemikalien und Farben gearbeitet, die stauben. Mit Beginn der Schwangerschaft werde Frauen daher abgeraten, in der Werkstatt zu arbeiten. Mit ihrer Mutter im Laden wäre das zwar möglich gewesen. Sabine Kluge selbst wäre dann aber als produzierende Kraft ausgefallen. Auch würde sie jungen Menschen nicht dazu raten, Töpferwaren und Keramiken zu erstellen. Zwar sei es eines der ältesten Handwerke der Welt, damit seinen Lebensunterhalt zu bestreiten, werde aber zunehmend schwieriger.

Um die heute noch bestehenden Betriebe zu erhalten, werden auf dem Kanderner Töpfermarkt nur Meisterbetriebe zugelassen. Andernfalls wäre es gut möglich, die Anzahl der Stände auf dem Blumenplatz von Kandern deutlich zu erhöhen. »Heute gibt es viele Leute, die ihr festes Einkommen haben und das Töpfern als Hobby machen. Was die herstellen, kann auch gut sein. Aber wenn die daheim alles voll haben und nicht wissen, was sie damit anfangen sollen, dann verticken sie das für fünf Euro. Dann gibt es wieder Platz für Neues.« Ohne böse Absicht werde der Markt dadurch verzerrt, worunter letztlich das Handwerk leide. Sabine Kluge selbst betreibt auf dem Kanderner Töpfermarkt übrigens keinen Stand mehr. Das aber liege an der Nähe ihrer Werkstatt: »Auf dem Markt nehmen die Leute eher die Chance wahr, bei denen zu kaufen, die von weiter her kommen. Ich bin ja immer da.« Also habe sie sich dazu entschieden, ihren Platz auf dem Markt anderen zu überlassen. Stattdessen eröffnete sie ihren eigenen Laden. Schließlich habe dieser eine Lage wie auf dem Präsentierteller.

Heute zählen Schmuckstücke zur Produktpalette der Töpferin. Doch auch kunstvoll bemalte Teller sind immer noch schick.

Café Decker

Sabine Decker-Pahlke liebt es traditionell

Wenn es um Gastlichkeit geht, ist das *Café Decker* in Staufen geradezu eine Oase für Genießer. Seit 1961 werden in der Konditorei Schleckermäuler mit feinen Torten und Kuchen, mit hausgemachten Eissorten und mit erlesener Konfiserie verwöhnt. Bereits von Kind auf war Sabine Decker-Pahlke mit im Geschäft. Und das aus teils sehr pragmatischen Gründen: »Wie es damals üblich war, wohnten meine Eltern im Geschäft.« Sie lacht. »Eine Küche gab es in der Wohnung nicht.« Stattdessen wurde die Küche des Geschäfts genutzt. Tatsächlich hatte ihr Vater, Hermann Decker, das Café nach der Ausbildung zum Bäcker- und Konditormeister in einem zunächst kleinen Rahmen eröffnet: In einem Altbau untergebracht, bestand dieses aus einer Kuchen- und einer Pralinentheke. Trotz beengter Verhältnisse lud das Café aber regelmäßig zum Tanz mit Livemusik ein: »Die Mittelkonsole wurde in den Hausgang geschoben, der Boden wurde gewienert – und dann gab es Tanz.« Sabine Decker-Pahlke selbst war natürlich noch zu jung damals, um das Geschehen bis zum Ende mitzuverfolgen, aber »die Bälle zu Silvester, Fasnacht und an den Wochenenden müssen sensationell gewesen sein, wenn man heute mit der älteren Generation darüber spricht«. Viele, die damals zu Gast hier waren, würden noch immer davon schwärmen.

So, wie die Südbadenerin heranwuchs, vergrößerte sich auch der Betrieb. Vom Altbau gelangt man heute in den großzügigen Erweiterungsbau, darüber lädt die verglaste Dachterrasse zum Verweilen und zum Leben-Genießen ein. Geblieben sind neben der Aufmachung als traditionelles Kaffeehaus auch die hohen Ansprüche an die eigenen Produkte. So wird für die Torten und Creme-Desserts nur Markenbutter verwendet: »In der traditionellen Konditorei sind Butter und Eier die Geschmacksträger. Damit sind wir nicht unbedingt die Zielgruppe für Veganer. Vegan liegt zwar im Trend – und auch hier gibt es tolle Rezepte –, aber für uns ist wichtig, dass ausschließlich Butter verwendet wird und nicht pflanzliches Fett. Das ist geschmacklich ein Unterschied und wäre ein Bruch, was die Qualität angeht.«

CAFÉ DECKER

Hauptstraße 70 • 79219 Staufen • Tel. 07633/53 16 • cafe-decker.de
Öffnungszeiten: Di–Fr 7.30–18 Uhr, Sa 6.30–18 Uhr, So 13.30–18 Uhr, Mo Ruhetag

Tatsächlich zahlt es sich aus, nicht jedem Trend hinterherzurennen. So werden in der Backstube viele Produkte schon seit Jahrzehnten hergestellt. Daneben beeinflusst die räumliche Nähe zum Elsass und zur Schweiz das Angebot. So findet man auf der dreisprachig verfassten Karte auch Kaffee nach Schweizer Art mit frischer, flüssiger Sahne oder eine Luzerner Käsequiche. Zum französischen Frühstück werden selbstverständlich Croissants gereicht. Wer es deftig und herzhaft mag, sollte den Elsässer Speckgugelhupf probieren. Ihre französischen Gäste spricht Sabine Decker-Pahlke übrigens gern in deren Landessprache an. Auch das hat praktische Gründe: »Wenn die Kommunikation nicht stattfinden kann, dann hält das unglaublich auf und wird bei zunehmenden Personalengpässen schwieriger.« Die kulinarischen Favoriten sind hingegen über die Grenzen hinweg dieselben, um mit der Schwarzwälder Kirschtorte, der Rumschnitte oder auch der Nussschnitte nur drei Klassiker zu nennen. Im Sommer werden dann verstärkt Obsttorten und Joghurt-Törtchen nachgefragt.

Insgesamt aber hätten sich die Vorlieben der Gäste geändert. Dazu gehört das Frühstücksgeschäft, das sich seit der Jahrtausendwende etabliert hat. Inzwischen bietet das *Café Decker* auch täglich wechselnde Tagesgerichte an. »Die Leute gehen nicht mehr so üppig zum Mittagessen, sondern mögen lieber eine Kleinigkeit«, beobachtet die Konditorin. Währenddessen geht die Bereitschaft, auch mal etwas zu warten, eher zurück. Hier bedauert Sabine Decker-Pahlke, dass vieles

Sabine Decker-Pahlke ist im und mit dem Café groß geworden. Der Genuss beginnt bereits beim Anblick des Kaffeegedecks. Die Pralinentheke ist seit jeher das Aushängeschild der Konditorei mit einer großen Auswahl an Trüffelpralinen.

schnelllebig geworden sei. Dies zeige sich bereits bei der Kaffeekultur, wo immer mehr »Coffee to go« angeboten werde. Beim Fastfood und zunehmend mehr Ketten in den Innenstädten setze sich dies fort.

Einen »Kaffee zum Mitnehmen« gibt es zwar auch hier, groß beworben wird er aber nicht. Über einen Mangel an Arbeit kann in Staufen dennoch niemand klagen. Denn auch wenn das Tagesgeschäft durch den Tourismus saisonal stark schwankt, gibt es immer genug zu tun. Im augenscheinlich ruhigen November läuft in der Backstube die Weihnachtsproduktion auf Hochtouren. So müssen für die Nikoläuse und Weihnachtsmänner zunächst je zwei Gießformen in mehreren Schritten geschminkt werden. Erst wenn alle Farben angetrocknet sind, können die Formen zusammengesetzt und mit flüssiger Schokolade befüllt werden. Hinzu kommt eine reiche Palette an Plätzchen, Spekulatius und Stollen. Auf Weihnachten folgt dann bald das Ostergeschäft, das mit etlichen liebevoll gestalteten Schokoladenhasen einhergeht.

S. Decker-Pahlkes Tipp

Staufen ist ein attraktives mittelalterliches Städtchen. Hier gibt es noch viele inhabergeführte Geschäfte, und ist es richtig schön, durch die Gassen zu bummeln.

Für die Zukunft setzt die Konditorin darauf, dass die Kaffeehaustradition wieder mehr geschätzt wird. So laufe sie nicht dem Mainstream hinterher, sondern setze bewusst auf Individualität. Zum Beispiel wurden die alten Stühle nicht einfach ersetzt, sondern neu bezogen, sodass diese weiter genutzt werden können. Auf diese Weise ist es einfach, Individualität zu schaffen und zu bewahren. »Uns ist es wichtig, dass die Tradition fortgeführt wird und der Gast sich wohlfühlt. Eigentlich müsste man denken: ›Wenn ich ins Café gehe, dann nehme ich mir die Zeit und genieße den Aufenthalt.‹ Als Menschen brauchen wir einfach unsere Wohlfühlplätze.«

Markgräfler Nusskuchen

Ein klassischer Leckerbissen aus dem Markgräflerland

Zutaten
Für eine Kastenform (1,5 l)

Für die Kakaomasse
10 g Mehl
80 g gemahlene Haselnüsse
15 g Kakao
3 Eiweiß
95 g Zucker

Für die Nussmasse
45 g Mehl
150 g gemahlene Haselnüsse
140 g Butter
140 g Zucker
1 g Zimt
3 Eier (M)
Die Zutaten für die Nussmasse benötigen vor der Verarbeitung Raumtemperatur.

Für den Guss
300 g dunkle Kuvertüre

Zubereitung
Backofen auf 190 °C Ober-/Unterhitze (bei Gasherden Stufe 3–4) vorheizen.

Für die Kakaomasse das Mehl mit den Nüssen und dem Kakao in einer Schüssel mischen. Das Eiweiß mit dem Zucker zu einem cremigen Schaum aufschlagen, anschließend die Mehl-Nuss-Kakao-Mischung vorsichtig unterheben. Die Masse in die mit Backpapier ausgelegte Kastenform füllen und an den Längsseiten mit einem Schaber hochstreichen, sodass in der Mitte der Form eine rinnenartige Vertiefung entsteht.

Für die Nussmasse das Mehl und die gemahlenen Haselnüsse in einer Schüssel mischen. Die weiche Butter mit Zucker und Zimt in einer großen Rührschüssel schaumig schlagen, nach und nach die Eier hinzufügen und zum Schluss die Mehl-Nuss-Mischung vorsichtig unterrühren. Die Nussmasse in die Mitte der Kakaomasse füllen und glatt streichen.

Den Teig im vorgeheizten Backofen etwa 50–60 Minuten backen.

Nach dem Backen den Kuchen auskühlen lassen, auf ein Kuchengitter stürzen und das Backpapier langsam abziehen.

Für den Guss die Kuvertüre klein hacken und 200 g davon im heißen Wasserbad auflösen. Dann die Kuvertüre aus dem Wasserbad nehmen, die restlichen 100 g in der flüssigen Kuvertüre auflösen und anschließend den Kuchen damit rasch von allen Seiten einpinseln.

50 Jahre
Café Decker

Künstler
für
Staufen

Michaela Karle

Die Holzbildhauerin lebt die Leichtigkeit des Seins

Michaela Karle beschreibt ihren Weg zur Künstlerin als einen Werdegang der Zufälle und des Geführt-Seins. Ihre Kindheit verbrachte sie auf einem Bauernhof in St. Ulrich Geiersnest. Immerhin hatte das Dorf nahe Freiburg eine Schule mit vier Klassen in zwei Klassenzimmern und einen Lehrer. Nach dem Unterricht hatte sie viel Zeit zum Spielen – auch im Wald. Mit drei älteren Brüdern und zwei jüngeren Geschwistern musste sie schon in frühen Jahren lernen, sich durchzusetzen. »Das hat mich vielleicht in der Willenskraft gestärkt. Das waren ja noch andere Umgangsformen als heute, und es wurde auch mal geboxt.«

Nach der Grundschule besuchte sie das Gymnasium in Staufen, wo sie 1983 das Abitur mit Kunst und Englisch als Leistungsfächern absolvierte. Als 19-Jährige dachte sie noch nicht, dass sie für die Kunst begabt sei. Stattdessen liebäugelte sie mit dem Modebereich. »Ich hatte mir alles selbst genäht. Nähen kann ich, das war mir bewusst. Und das war alles, was ich wollte.« Auch als die Ausbildung anstand, war Kunst zunächst kein Thema. Schließlich sei es Ziel der Lehre, davon später auch gut leben zu können. Ihr Wille, selbstständig zu sein mit eigener Wohnung, deckte sich nicht mit einer künstlerischen Laufbahn. Stattdessen absolvierte Michaela Karle eine Ausbildung zur technischen Zeichnerin. Aber: »Ich zeichnete Straßen- und Brückenpläne und schrieb Berichte, was schon über den Bauzeichner-Job hinausging. Das erfüllte mich nicht.«

Andererseits gab der Beruf Gewissheit, etwas zu haben, auf das sie immer zurückgreifen konnte. In der Gewerbeschule verbrachte sie ihre Zeit stets bei den Bildhauern. An die erste Ausbildung schloss sich also die zweite Lehre zur Bildhauerin an. In der Bildhauerklasse war sie eine von drei Frauen. Unterschiede in der Behandlung gegenüber den männlichen Kollegen empfand sie nicht, eher stellte sie eine Trennung zwischen Holz- und Steinbildhauern fest. Zur Halbzeit schloss ihr erster Lehrbetrieb bei Aachen, und sie arbeitete fortan in einem Betrieb in Sulzburg im Markgräflerland. So konnte sie zu Beginn der Ausbildung viel nach eigenen Entwürfen gestalten, während sie im

MICHAELA KARLE
Auf dem Graben 6 • 79219 Staufen • Tel. 07633/4720 • michaela-karle.de
Öffnungszeiten nach Vereinbarung

Die Vielfalt an Spazier- und Wanderwegen in der wunderbaren Natur rund um Staufen: sei es der Weg oder der Treppenaufstieg zur Staufener Burgruine entlang des Panoramawegs auf der mittleren Höhe und den Baumalleen am Fluss Neumagen oder die unzähligen Wege entlang der Wälder, z. B. zum Naturschutzgebiet und dem benachbarten Kraftplatz am Eschwald.

nachfolgenden Betrieb klare Vorgaben bekam. »Dadurch habe ich eine gute handwerkliche Ausbildung erhalten.«

Sich auf dem Erlernten auszuruhen, kam für Michaela Karle nicht infrage. »Ich habe dann beschlossen, eine Ausstellung zu terminieren.« Mit diesem Ziel vor Augen arbeitete sie nachts in der Altenpflege, um das nötige Geld zu verdienen, und am Tag an ihren Werken. Ein Jahr lang habe sie von frühmorgens bis spätabends gearbeitet. Die Ausstellung betrachtete sie als ihre Prüfung: »Wenn die gut wird, dann taugt das was. Dann bin ich gut und gehe diesen Weg.« Nachdem ihre Werkbank während der Lehrzeit in der Küche stand, konnte sie später in einen Kellerraum mit eigenem Eingang umziehen. »Das war irgendwie schon Luxus.« Schließlich fand sie mit der Sparkasse Staufen einen Platz für ihr Ausstellungs-Debüt und konnte zudem eine kleine Musik-Band für den Anlass gewinnen. Neben 60 Besuchern war auch die Presse vor Ort. »Es waren Wege, die mir völlig fremd waren und die mir sehr viel Mühe bereitet haben. Ich wollte ja eigentlich nur arbeiten. Das Mich-Präsentieren war mir fremd.«

Genau das aber erwies sich als Schlüssel zum Erfolg. »Ich habe bei Ausstellungen tatsächlich auch immer Aufträge erhalten; von

Anfang an haben mir die Leute vertraut.« Als nächster logischer Schritt bot sich an, Kunst zu studieren. Den Gedanken verwarf die Holzbildhauerin aber wieder: »Da muss ich mich anpassen. Ich will aber aus mir schöpfen und mich entdecken.« Stattdessen folgte in einer Schmiede in Schlatt bei Bad Krozingen die erste kleine Werkstatt. Der Raum war vier Meter hoch mit Blick über die Felder in die Weite. In den kommenden fünf Jahren lebte Michaela Karle einerseits zurückgezogen, lernte aber zugleich Öffentlichkeitsarbeit. Mit ihren Skulpturen wurde sie unter anderem nach Stuttgart und Basel eingeladen und nahm mit dem eigenen Stand an vielen Märkten, zum Beispiel am Altstadtmarkt von Freiburg, teil.

Schließlich wurde es in Schlatt zu eng. Eigentlich wollte sie mit ihrer Künstlerwerkstatt im Ländlichen bleiben. Dann aber rief sie Staufen. Für die Stadt hatte Michaela Karle im Jahr 1998 Arbeiten für einen Skulpturenweg erschaffen. Eine ihrer Skulpturen hatte die Stadt ausgerechnet dort platziert, wo sich heute ihr Atelier befindet. 2001, drei Jahre nach dem Umzug, sollte das Gebäude verkauft werden – für die zu der Zeit 37-Jährige ein denkbar schlechter Moment: »Ich hatte hinter dem Haus sechs Lkw-Ladungen Holz stehen. Ich habe die ganze Nachbarschaft belagert und gerade mal so den Überblick gehabt und alles renoviert. Ich habe das Haus dann gekauft.« Der Kraftakt dazu aber ging an die Substanz und in den Rücken. Das wirkte nach: »Ich habe daraufhin meine innere Arbeit begonnen. Den halben Tag hatte ich Programm, und die

Michaela Karle verbindet Gold mit Holz, das mit Knüpfel und Beitel bearbeitet wird. Ein mit Stacheldraht umwickelter Pfahl symbolisiert eine offene Grenze. Die besondere Struktur hat diese Holzstücke vor dem Ofen bewahrt.

andere Hälfte des Tages machte ich Dinge, die oft keinen Sinn ergaben. Aber nach drei Jahren war dies Bestandteil einer wichtigen Lebenserfahrung, war dies die sinnvollere Zeit. Ich habe manches intuitiv vorbereitet, das dann später wichtig war, ohne zu wissen, dass es so ist.«

Inzwischen hat sich diese Art des Tagesablaufs zu Michaela Karles Lebensphilosophie entwickelt. Zugleich entdeckte sie damit ein neues Potenzial: Nach Ausbildungen zur Heilerin behandelt die Künstlerin nun auch Menschen mit Themen und Blockaden an den Füßen. »Als ich mich selbst ›entigelte‹, habe ich unwahrscheinlich viele Bäume entrindet und das Ungeziefer entfernt – ich habe immer die Prozesse des Holzes auch als meine eigenen Prozesse wahrgenommen. Ich habe mir immer gesagt: ›Ich will ein leichtes Leben. Ich will nicht viel ändern, aber ich will das Gefühl haben, das Leben ist leicht und freudvoll.‹« Durch Selbstreflexion habe sie schließlich die gewünschte Leichtigkeit in sich entdeckt. Das strahlen ihre Arbeiten heute auch aus. »Die Leute sagen: ›Wenn wir bei dir ein Herz kaufen, dann gibt das Frieden in mir.‹ Ich gebe auch mal jemandem ein Holz mit, dass er es eine halbe Stunde in der Hand hält und spürt.« Besonders gern fertige sie daher Dialogarbeiten an: Hierbei beschreiben Menschen ihre Gefühlslage oder auch sich selbst. Von diesen Schilderungen hängt ab, mit welchen Mitteln und wie stark sie das gewünschte Holz bearbeitet. Spuren dieser Bearbeitung werden bewusst belassen. Schließlich hinterlasse auch das Leben seine Spuren.

Stiere, Kreuze und wachsende Ringe zählen zu den Hauptthemen der Bildhauerin Michaela Karle.

DANKE ....

Dirk Bürklin

Der Glaspuster zählt zu den letzten seines Berufsstandes

Bei Ihnen ist es aber schön warm. – An kühlen Tagen, und davon gibt es reichlich im oberen Hotzenwald, hört Dirk Bürklin diesen Satz ständig. Tatsächlich bleibt es in seiner Werkstatt selbst bei offenen Fenstern mollig warm. Das hat allerdings auch seinen Preis: Pro Monat verbraucht Dirk Bürklin (neben unzähligen Flaschen Wasser) 3000 Liter Flüssiggas – im gasförmigen Zustand wären das knapp 760 Kubikmeter. Bei der Glasherstellung macht der Energiebedarf den Löwenanteil bei den Produktionskosten aus. Die eigentlichen Rohstoffe zur Gewinnung von Glas – Sand, Soda und Kalk – fallen praktisch kaum ins Gewicht. Dirk Bürklin: »Das Teure bei der Glasherstellung ist der Dauerbetrieb des Ofens. Das war schon immer so. Früher hat man einen Haufen Leute gebraucht, die Holz gemacht haben. Dadurch sind die Glasdörfer rund um die Glashütten entstanden.«

Anstelle von Soda verwendete man im Schwarzwald Pottasche. Diese wurde aus verbranntem Buchen- und Eichenholz gewonnen und senkte die Arbeitstemperatur. Der ohnehin schon enorme Holzbedarf der Glashütten stieg so durch die Produktion von Pottasche nochmals sprunghaft an. Tatsächlich ist es möglich, allein aus Sand Glas herzustellen. Bürklin: »Wenn ich einen Sandkasten heiß genug mache, dann bekomme ich Glas. Aber Sand allein schmilzt erst bei 1700 °C – das kriege ich mit 'nem Lagerfeuer nicht hin.« Pottasche sowie auch die im Mittelmeerraum eingesetzte Soda schmelzen hingegen schon bei 850 °C. »Wenn der Sand fein genug ist – deswegen muss er fast wie Staub sein –, dann schmilzt er mit.« Soda und Pottasche wirken also wie ein Katalysator oder Flussmittel, wie die Glashersteller sagen.

Durch einen Wärmetauscher ist es ihm heute möglich, mit der Abluft des Ofens die zugeführte Frischluft vorzuwärmen. Bürklin: »Die geht dann mit 300–400 °C in den Ofen. Das spart natürlich einen Haufen Energie.« Daneben halten ein Zugseil und ein Trittbrett die Hitze möglichst im Inneren: Sobald der Künstler vor den Ofen tritt, wird die Klappe

DIRK BÜRKLIN

Lindenweg 2 • 79737 Herrischried/Großherrischwand • Tel. 07764/61 70
glaswerkstatt-herrischried.com
Öffnungszeiten: Di–Sa 14–17 Uhr (Mai–Okt. auch an Sonn- und Feiertagen),
Mo und von Fasnacht bis Ende der Osterferien geschlossen

durch sein Gewicht aufgezogen. So hält er die Hände frei und kann sich ganz auf die eigentliche Arbeit konzentrieren. Anschließend fällt die Klappe durch ein Gegengewicht wieder zu. Die Konstruktion ist denkbar einfach und kann auch – etwa wenn das Seil mal reißt – vor Ort und ohne Hilfe von außen wieder instand gesetzt werden.

Vor 30 Jahren kam der gebürtige Freiburger nach Herrischried. Zuvor hatte Dirk Bürklin in der Dorotheenhütte Wolfach das zu den ältesten Berufen der Welt zählende Handwerk erlernt. Ein Handwerk, das mehr und mehr schwindet. »Als ich Mitte der 1980er-Jahre meine Lehre gemacht habe, war das noch eine große Glashütte.« Er selbst habe dort noch im Stückakkord Gläser hergestellt. Heute ist die Dorotheenhütte für ihr Kristallglas sowie als Schauhütte und Ausflugsziel im Kinzigtal bekannt.

Nach dem Abschluss im Jahr 1983 war es für ihn wichtig, zunächst weitere Erfahrungen zu sammeln. So arbeitete er vor dem Sprung in die Selbstständigkeit noch drei Jahre in einer Glashütte im Allgäu. Danach wollte er zusammen mit einem Kollegen eine eigene Werkstatt im Südschwarzwald eröffnen. Doch das war Anfang der 1990er-Jahre gar nicht so einfach: »Es gab nichts zu mieten, die Preise waren aberwitzig hoch, und die Kreditzinsen lagen bei über zehn Prozent.« Nach einem Dreivierteljahr fruchtloser Suche fingen die beiden an, die Tourismusgemeinden anzuschreiben. Für die Glaskünstler war damals schon klar, dass sie eine offene Werkstatt betreiben wollten, wo die

Die Glasblaskunst erfordert einen gebührenden Abstand. Bei Dirk Bürklin entstehen Kunstwerke und Gegenstände aus Glas. Dieses wird heute im Ofen bei 1230 °C erhitzt. Mit Zangen wird weiteres Glas an die heiße Kugel gesetzt.

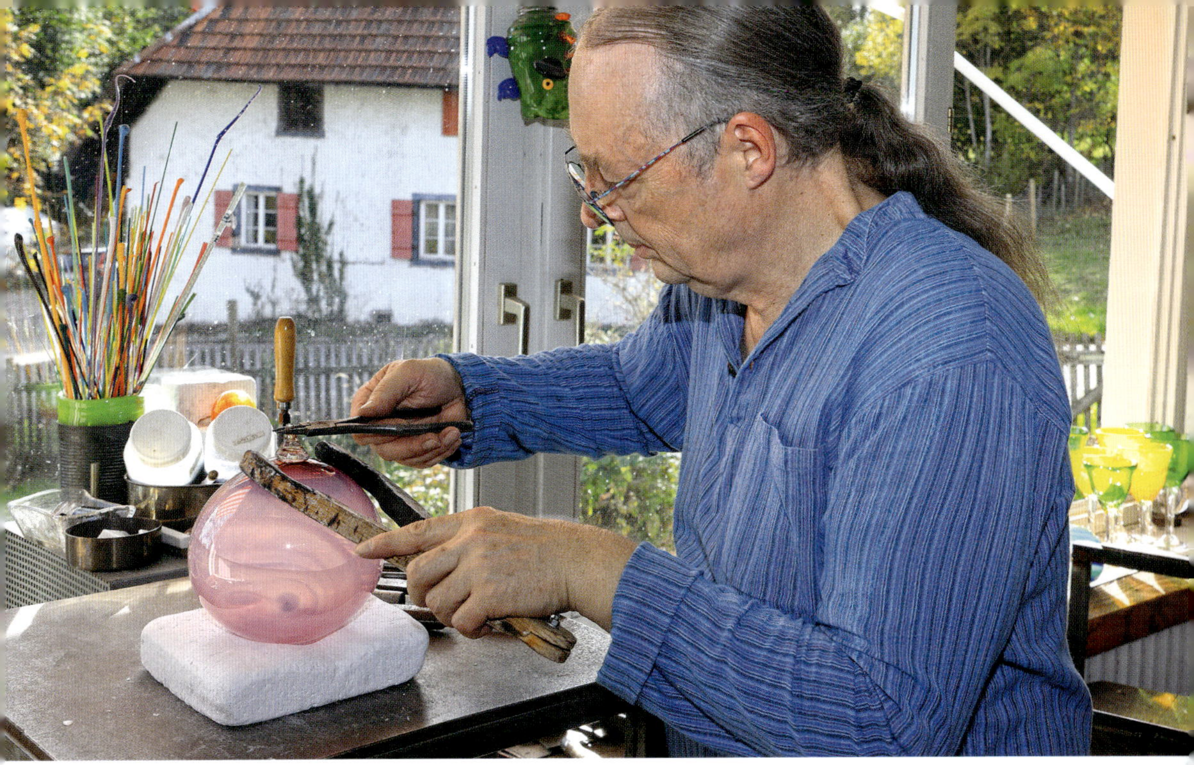

Leute ihre Arbeit und den damit verbundenen Aufwand live mitverfolgen konnten. Bürklin: »Sonst werden auch die Preise nicht verständlich oder nachvollziehbar.« Damit verlagerte sich die Suche zunächst ins Münstertal. Die Gemeinde war sehr daran interessiert, eine Glaskunstwerkstatt in ihrer Umgebung zu haben. Allein ein geeigneter Raum ließ sich auch dort nicht finden. Schließlich habe sich der Bürgermeister von Herrischried gemeldet, und ihre Suche endete in Großherrischwand.

Wo sich heute die Glaswerkstatt befindet, war früher der Schulraum des Ortsteils. »Die Größe des Raums – die eine Hälfte als Werkstatt, die andere als Schauraum – und die großen Fenster, das war perfekt«, erzählt Dirk Bürklin. So fällt das Sonnenlicht von beiden Seiten in die Werkstatt und lässt die ausgestellten Gläser in all ihren Farben funkeln. Auch könne der Raum gut durchlüftet werden. Schließlich ist es vor dem Ofen auch an den weniger heißen Tagen im Hotzenwald mollig warm. Und zu guter Letzt ist es nur ein Steinwurf bis zum nächsten bekannten Ausflugsziel: Gegenüber der Glaswerkstatt befindet sich das Freilichtmuseum Klausenhof. Den Ausflug dorthin mit einer Stippvisite in der Glaswerkstatt zu verbinden, liegt also auf der Hand.

Einmal im Jahr muss Bürklin den Ofen wechseln – »wenn es gut geht«. Für den Fall, dass etwas schiefgeht, steht ein zweiter Ofen bereit. Bevor darin Glas geschmolzen werden

Dirk Bürklins Tipp

Der Klausenhof ist eines der ältesten erhaltenen Schwarzwaldhäuser und kann heute als Freilichtmuseum besichtigt werden. Zum Hof gehören ein Sägewerk, ein Backhaus, eine voll eingerichtete Schmiede, ein Wagenschopf und ein Bauerngarten.

kann, muss dieser ganz langsam hochfahren, bis die Betriebstemperatur von 1230 °C erreicht ist. Bei einer zu schnellen Erwärmung droht der Ofen zu springen. Und: »Wenn der Ofen heiß ist, muss er heiß bleiben. Wenn er aus ist, ist er hinüber.« Denn beim Abkühlen verändert sich das Material. Die komplette Saison von neun Monaten durchzuarbeiten, würde Dirk Bürklin allerdings auch nicht überstehen: »Im Sommer mache ich den Ofen einmal leer und lasse ihn langsam abkühlen.« Das geschmolzene Glas muss er dabei mit einer Schöpfkelle aus dem Ofen herausholen, solange dieser heiß ist. Nach dieser Sommerpause braucht es eine Woche, um den Ofen erneut auf Betriebstemperatur zu bringen. Glas, das frei von Metallen und Farben ist, könne dann nochmals verwendet werden.

Den nächsten Glascontainer zu plündern, mache hingegen keinen Sinn. Grundsätzlich könne man zwar auch mit Flaschenglas arbeiten, »aber das ist ungünstig für uns, weil das ein kurzes Glas ist, das schnell starr wird«. Flaschenglas bestehe aus einer Mischung, die bei sehr hoher Temperatur fest wird und sich bald nicht mehr bearbeiten lasse. Handarbeit aber brauche Zeit: »Bei uns sollte das Glas noch bei etwa 600 °C bearbeitbar sein, während Flaschenglas schon bei 800–900 °C aushärtet.« Geeignet wäre hingegen reines Fensterglas: »Das ist ein sehr weiches Glas, weil es sehr lange fließen muss, um so dünn zu werden. Für uns ist das ein sehr langes Glas, weil es lange bearbeitbar ist.« Durch diese unterschiedlichen Fließeigenschaften mache es im Übrigen Sinn, beim Recycling Flaschen und Flachglas getrennt zu sammeln, so Bürklin.

Wie lange die Herstellung eines Kunststücks aus Glas dauert, hängt von mehreren Faktoren ab. Die erste Antwort des Glaspusters überrascht: »Ein kleiner Schwan braucht so zwei, drei Minuten. Langsamer wird es kein Schwan, das Glas gibt ja die Geschwindigkeit vor.« Größere Gefäße und Lampenschirme benötigen hingegen eine Stunde. Das geht auch nur zu zweit, weil es sonst einfach zu wenig Hände gibt: »Ich kann das Glas ja nie weglegen.« Ebenso braucht es, wenn Details, wie etwa die Flossen bei Fischen, angesetzt werden, auch jemanden, der das Glas hält. Zur Not ginge das auch mal allein, etwas anzusetzen, aber das wäre kein schönes Arbeiten. Überhaupt ist dem Künstler der Austausch mit Kollegen wichtig. So bietet sein Ausstellungsbereich auch Platz für die Objekte mehrerer GlaskünstlerInnen, womit sich der Besuch der Werkstatt gleich mehrfach lohnt.

Glas dient heute oft als Dekoration oder um Teelichter in Szene zu setzen.
Vom Schauraum aus blickt man zum Klausenhof.

Kaffeehaus Ratsstüble

Jörg Holzbach verführt mit feinster Confiserie

Waldshut ist eng mit der Geschichte der Habsburger Monarchie und Österreichs verbunden. Bereits die Stadtgründung erfolgte Anfang des 13. Jahrhunderts durch Rudolf von Habsburg. Neben Säckingen und den beiderseits des Rheins gelegenen Orten Laufenburg und Rheinfelden war Waldshut eine der vier Waldstädte Vorderösterreichs und Sitz des Waldvogts. Die Zeit der Habsburger währte bis 1803, als die rechtsrheinischen Gebiete der Habsburger dem Kurfürstentum Baden zufielen. Bis heute ziert ein Habsburger Wappen das Schaffhauser Tor, den oberen Zugang zur Altstadt. Dort setzt heute Jörg Holzbach die Tradition Österreichs im *Kaffeehaus Ratsstüble* fort. Bis es dazu kam, war es für den Koch, Konditor und Hotelbetriebswirt allerdings ein weiter Weg.

Jörg Holzbach wuchs in einer Beamtenfamilie im Westerwald auf, träumte jedoch bereits als Kind davon, loszuziehen und andere Gegenden kennenzulernen. Eine dieser Gegenden wurde Freudenstadt, wo er im ehemaligen Steigenberger-Hotel Koch lernte. Nach der ersten Anstellung in Tübingen kam er nach Bad Urach. Dort schloss die Ausbildung zum Konditor an. In dem schwäbischen Kurort lernte er auch seine Frau Silke kennen. Zusammen mit der Konditormeisterin ging er auf Wanderschaft – es folgten Stationen in Davos, Garmisch und München. Den Schritt in die Selbstständigkeit wagten Silke und Jörg Holzbach 1997 im südhessischen Dieburg: Dort war es ihnen möglich, einen Betrieb zu pachten. Damit standen die Weichen eigentlich für eine Zukunft in Hessen. Doch es kam anders.

Als der Vertrag auslief, hatte der inzwischen ehemalige Inhaber den Betrieb wieder selbst weitergeführt. Durch einen Vertreter erfuhren die Holzbachs, dass in Waldshut ein Wechsel im *Ratsstüble* anstand. Bis zu der Zeit kannten die beiden Waldshut bestenfalls vom Hörensagen. Doch dann ging tatsächlich alles

KAFFEEHAUS RATSSTÜBLE
Kaiserstraße 26 • 79761 Waldshut • Tel. 07751/35 80 • cafe-ratsstueble.de
Öffnungszeiten: Di–Sa 8–18 Uhr, So/Feiertage 10.30–18 Uhr, Mo Ruhetag

graf kaffee
Coffeinfrei
graf kaffee
Diplomat

Jörg Holzbachs Tipp

In Waldshut sind die themenbezogenen Stadtführungen spannend. Neben der Geschichte und den Traditionsvereinen lernt man dabei auch die Hintergründe, z. B. über die Brunnen in der Stadt oder die Chilbi, und so manche Anekdote kennen.

ganz schnell: »Im Mai haben wir das *Ratsstüble* zum ersten Mal angeschaut. Im Oktober haben wir es übernommen. So haben wir Waldshut erst kennengelernt.« Übrigens, »Übernommen« heißt in diesem Fall gekauft: »Nach den Erfahrungen zuvor wollten wir auf der eigenen Scholle sein. Daher war uns der Erwerb wichtig«, erklärt Jörg Holzbach. Dies bedeutete aber auch, den Sprung ins kalte Wasser wagen. »Wir haben 15 Jahre durchgearbeitet, ohne Ruhetag, nur mit kurzen Pausen für Ausflüge dazwischen.«

Als Vorteil erwies es sich, in einen laufenden Betrieb einsteigen zu können. Dadurch gab es schon einen Kundenstamm. Auch deshalb haben die Holzbachs das *Ratsstüble* nur leicht mit Augenmaß verändert: »Wir haben versucht, die Konzeption als Wiener Kaffeehaus zu bewahren. Diese Kaffeehäuser sind ein gewachsenes und wichtiges Traditionsgut.« Sichtbar wird dies etwa in der Kaffeehauszeitung mit saisonal wechselnden Themen über Tee und Kaffee, Confiserie sowie auch Waldshut. »Natürlich muss man mit der Zeit gehen. Wir haben modernisiert, die Stühle und die Theke erneuert und die Produktpalette erweitert. Aber alles in dem Fokus, dass wir den Betrieb erweitern, aber das *Ratsstüble* selbst nicht verändern wollen.« Profitiert hat die Familie Holzbach von einer Komplettsanierung des Altbaus im Jahr 1968. Dabei wurden stabile Betonböden eingebaut, während die Fassade in ihrem Aussehen restauriert wurde, ansonsten aber unverändert blieb.

Viele Veränderungen gegenüber früher bleiben den Gästen jedoch verborgen. »In der Produktion haben wir einiges umgestellt, sind bei der Schokolade neue Produktionswege gegangen.« Optisch nahezu gleich sei der Cafébereich geblieben. Dieser erstreckt sich nicht nur über zwei Etagen, sondern auch über einen Teil der Fußgängerzone. Diese besondere Lage birgt Vor- und Nachteile: »In der Fußgängerzone – wenn man ein Geschäft nicht anfahren kann – hat man weniger Ladenverkauf, dafür mehr Gastronomie. Man kann halt nicht eine tolle Lage in der Kaiserstraße haben und auf der anderen Seite optimale Produktionsflächen. Wir produzieren auf mehreren Stockwerken und Etagen«, so Holzbach.

Das *Ratsstüble* öffnet schon um 8 Uhr, denn durch die Lage am Hochrhein profitiert die Stadt Waldshut vom Einkaufstourismus der Schweizer. Viele Eidgenossen nehmen dafür eine längere Anfahrt in Kauf, gönnen sich dann aber ein gemütliches Frühstück im *Ratsstüble*. Als Kerngeschäft nennt der Konditor jedoch den klassischen Kuchen- und Tortenverkauf sowie die vor Ort hergestellten Pralinen und Trüffel, als auch Pralinentaler mit Waldshuter Motiven. Die Pralinen und Trüffel werden übrigens gern als Geschenk mitgenommen.

Jörg Holzbach führt die Tradition Wiener Kaffeehäuser in Waldshut fort. Vom Verkaufsraum führt eine geschwungene Treppe in den Cafébereich. Heute ist das *Ratsstüble* für seine Trüffelpralinen bekannt.

Salzkaramell-Trüffel

Eine ungewöhnliche Geschmacksrichtung in der Confiserie

Zutaten

Für 20 Trüffel

40 g Zucker
75 g Butter
100 g Sahne
6 g Glukose
1 Vanilleschote
20 Pralinen-Hohlkörper sowie etwas Schokolade oder Nougatmasse zum Verschließen der Pralinen
400 g Kuvertüre
Grobes Salz
Ggf. Pralinengabel

Zubereitung

Den Zucker schmelzen, bis dieser karamellisiert.

Inzwischen die Butter mit der Sahne, der Glukose und der Vanilleschote aufkochen. Anschließend Karamell und Buttermischung miteinander verrühren und das Ganze abkühlen lassen.

Nach dem Erkalten die Masse in die Pralinen-Hohlkörper füllen und wahlweise mit Schokolade verschließen – alternativ kann dazu auch Nougatmasse verwendet werden.

Die Kuvertüre in kleine Stücke hacken und in einem Wasserbad schmelzen – Achtung, dabei darf keine Feuchtigkeit in die Masse gelangen, da sonst die Schokolade zäh wird! Anschließend die Trüffel mit der flüssigen Kuvertüre überziehen. Das gelingt am besten mit einer Pralinengabel: Mit dieser werden die Trüffel einfach durch die geschmolzene Schokolade gezogen.

Abschließend die Trüffel auf ein Gitter rollen und mit grobem Salz verzieren.

Café Gret-Stube

Hannelore Zanotti liegt der Nöggenschwieler Ortskern am Herzen

Das eigene Café zu betreiben, einen Platz der Gemütlichkeit zu schaffen und die eigene Karte zu erstellen – in der Gastronomie ist das für viele ein Traum. Wer die *Gret-Stube* in Nöggenschwiel betritt, meint leicht, hier solch einem verwirklichten Traum zu begegnen. Auf der blumigen Terrasse sowie im Inneren laden etliche Nischen zum Verweilen ein, wurde reichlich Dekoration gekonnt in Szene gesetzt und machen Kuchen und Torten Appetit auf Süßes.

Tatsächlich fand Hannelore Zanotti nur zufällig zum Gastgewerbe. Bis zur Eröffnung des Cafés im Jahr 2016 betrieb sie zusammen mit ihrem Mann Lothar ein Baugeschäft. Dieses befindet sich oberhalb des Cafés, während ihr Privathaus etwas unterhalb im Ort steht. »Die ›Gret‹ hatte uns schon vor 20 Jahren versprochen, sie verkauft uns das Areal.« Geplant war, dort ein neues Wohnhaus zu bauen. Bis 2015 mussten sich die Zanottis aber gedulden. Mit dem Umzug ins Altersheim machte ihnen die »Gret« dann ein Angebot. »Zu der Zeit wollten wir eigentlich gar nichts mehr kaufen«, erinnert sich Hannelore Zanotti, »denn durch das Baugeschäft hatten wir ja viele Grundstücke.« Hinzu kam, dass zu der Zeit beide über 50 Jahre alt waren und nichts Neues mehr anfangen wollten. Doch dann kamen sie ins Grübeln: »Mir kam der Gedanke, wenn wir das nicht kaufen – das ist ein Grundstück mit 3000 Quadratmetern und einem Riesenhaus in einem verwahrlosten Zustand –, das kann eine Privatperson gar nicht allein stemmen.« Damit stand zu befürchten, dass eine Immobilienfirma sich das Grundstück einverleiben und dort zwei große Wohnblöcke errichten könnte. »Dann ist der Dorfkern kaputt. Das war unser einziger Grund. Wir haben gesagt, wir möchten den Dorfkern von Nöggenschwiel beleben.« Dies allerdings auch vor dem Hintergrund, dass insgesamt immer mehr gebaut werde, die Gastronomie aber zugleich zurückgehe.

Andererseits sei eine funktionierende Gastronomie gerade in Ausflugsorten wie Nöggenschwiel wichtig. »Bei uns schaut der Verkehrsverein, dass Busse herkommen und Leute die Rosen bewundern. Und die wollen dann natürlich auch etwas trinken.« So wurde auch Hannelore Zanotti auf dem kurzen Weg von ihrem

CAFÉ GRET-STUBE

Fohrenbachstraße 5 • 79809 Weilheim-Nöggenschwiel • Tel. 07755/288 98 70 • gret-stube.de
Öffnungszeiten: Do–So 7.30–18 Uhr, Mo–Mi Ruhetage

H. Zanottis Tipp

Am jeweils 2. Juli-Wochenende finden in Nöggenschwiel die *Rosentage* statt. Nach der Eröffnung am Freitagabend lädt am Samstag und Sonntag der Markt mit Themen rund um die Rose zum Bummeln ein. Höhepunkt ist der Festzug durchs Dorf.

Wohnhaus in die Firma oft von Besuchern gefragt, wo man denn einen Kaffee oder »ein Cognacle« trinken und einen Kuchen essen könnte. »Das hat hier definitiv gefehlt. Und dann haben wir gesagt, wir eröffnen dort ein schönes, ein besonderes Café und richten zwei schöne Ferienwohnungen ein, wo man sich wohlfühlt. Ich wollte einfach als waschechte Nöggenschwielerin mithelfen, unseren Dorfkern zu beleben.«

Bis dahin war es ein weiter Weg. Allein das Mauerwerk des 1865 errichteten Hofs war so marode, dass es abgebrochen und neu aufgebaut werden musste. Um den Charme des Hofs zu erhalten, wurden die alten Fenster sorgfältig ausgebaut und später wieder eingesetzt. Und wo es möglich war, wurden historische Baustoffe eines Händlers aus der Gemeinde Albbruck verwendet. Bei gestalterischen Entscheidungen sollten Kostenfragen ausgeklammert werden. Doch diese stellten sich mit der Zeit trotzdem: »Wir haben in eineinhalb Jahren 200 000 Euro Schulden gemacht und wirklich nicht gewusst, wie kommen wir weiter.« Um das Café überlebensfähig zu machen, wurden in den ersten Jahren reihenweise Geburtstage und Taufen angenommen, und es wurde auch für größere Gesellschaften gekocht. Zanotti: »Aber das war in der kleinen Küche nicht das Richtige. Es war ja auch alles fremd. Jede Maschine, die wir in die Hand genommen haben, war für uns neu. Wenn etwas mit der Kaffeemaschine war, sind wir zu viert dagestanden und haben nicht gewusst, was los ist. Jetzt ist es so, dass wir wieder zurückfahren und uns auf Frühstück,

Kaffee und Kuchen konzentrieren.« Dazu gibt es eine Auswahl an herzhaften Gerichten sowie Suppen, Wurstsalat und auch eine Vesper mit Schwarzwälder Schinken.

Sie selbst hat übrigens bei der Eröffnung der *Gret-Stube* noch nicht daran gedacht, als Wirtin zu arbeiten. »Das war gar kein Thema. Ich habe gemeint, ich stelle Leute an, die das Café machen.« Tatsächlich hatte sie bald ein Team zusammengestellt, mit dem sie sehr zufrieden war. Zugleich musste sie sich eingestehen: »Ohne Chefin geht es nicht. Das ist leider einfach so.« Mit dem Betrieb eines Cafés oder einer Konditorei hatte sie bis dahin keinerlei Erfahrung. »Am Anfang haben wir eine Konditorin gehabt. Die hat dann gleich gesagt: ›Was hier drinnen verkauft wird, machen wir selbst.‹ Aber das war nie mein Ding. Wir haben jetzt eine Konditorin, die für uns backt und uns die Kuchen und Torten bringt.«

Fester Bestandteil ist heute der Kultur-Schopf. Der baulich vom Café abgetrennte Bereich bietet Platz für 40 Personen und besticht mit seiner rustikalen, urgemütlichen Atmosphäre. Durch die kleine Bühne und die Galerie darüber ist er ein idealer Rahmen für Familien- und Betriebsfeiern, und als Besonderheit sind in dem Raum auch standesamtliche Trauungen möglich. Dazu gibt es einen Aperitif, Hochzeitskaffee sowie Fingerfood. Am Nachmittag wird natürlich auch hier Kuchen angeboten. Möglich ist dies, da die Gret-Stube zum Teil auf Selbstbedienung setzt. Hannelore Zanotti erzählt von einem Treffen von über 100 Oldtimer-Begeisterten: »Bei so vielen Leuten machen wir das so, dass diese die Getränke selbst aus dem Kühlschrank holen und wir auch schon die Kuchenstücke – fünf, sechs Sorten – vorbereiten und in die Vitrine stellen.« Die Rückmeldungen nennt sie durchwegs positiv. So seien es größere Gruppen gewohnt, selbst auch mal aufzustehen: »Die Leute wollen doch auch sehen, was wir für Kuchen und Torten haben. Da macht es keinen Sinn, wenn wir am Tisch alles aufzählen – und wenn ich drin bin und an der Theke steh', ist das letzte Stück schon weg …«

Hinter der *Gret-Stube* hält Hannelore Zanotti ihre eigenen Hühner. Die Gaststube wurde mit den alten Fenstern neu aufgemauert. Die Edelbrände stammen aus Brennereien der Umgebung. Der Kultur-Schopf kann für Feste reserviert werden.

Rosentrüffel nach Art der Gret-Stube

Der Trüffelklassiker aus dem Rosendorf Nöggenschwiel

Zutaten

Für 40 Trüffel

200 g weiße Schokolade oder Kuvertüre
80 g weiche Butter
1 Eigelb
2 EL Rosenblütenlikör
2–3 EL Rote-Beete-Saft
100–150 g Kokosflocken
Ggf. Wildrosenblätter

Zubereitung

Die Schokolade fein raspeln und über einem heißen Wasserbad cremig rühren. Die Butter langsam zugeben und unterrühren, sodass eine cremige Masse entsteht.

Eigelb und Rosenblütenlikör mit einem EL Rote-Beete-Saft erst langsam, dann kräftig unter die warme Schokolade rühren. Auch wenn es dabei so aussieht, als wolle die Masse gerinnen, kräftig weiterrühren, bis die Masse glatt und cremig ist.

Die Schokoladenmasse dann für mindestens 24 Stunden in den Kühlschrank stellen.

Die Kokosflocken mit dem übrigen Rote-Beete-Saft vermischen, bis sie gleichmäßig rosa gefärbt sind. Auf einem Suppenteller beiseitestellen.

Von der Trüffelmasse mit einem Kaffeelöffel Portionen abstechen und diese mit den Händen zu Kugeln formen. Anschließend in den rosa Kokosflocken wenden.

Die fertigen Trüffel für etwa 1–2 Stunden in den Kühlschrank stellen.

Auf Wildrosenblättern serviert sehen die Trüffel besonders schön aus.

Die Trüffel sind etwa 2–3 Tage haltbar, lassen sich aber auch gut einfrieren. Einmal aufgetaut, müssen sie allerdings rasch verzehrt werden.

Ralf Siegler und Pia Provazi

Die Holzkünstler erschaffen Dekorationsobjekte mit Charakter

Handwerkliche Berufe werden oft innerhalb der Familie von einer Generation zur nächsten weitergereicht. Denn durch das Heranwachsen im elterlichen Betrieb tritt so mancher Sprössling zwangsläufig beruflich in die Fußstapfen seiner Eltern. Bei Ralf Siegler verhielt es sich anders: Hier reichte kaum mehr als eine Zufallsbegegnung aus, um sein Interesse schon als junger Bub für das Handwerk zu wecken. »Wir hatten damals einen Schreiner im Haus, um Türen zu fertigen. Von dem Tag an habe ich gesagt: ›Ich möchte Schreiner werden.‹« Die Türen waren irgendwann fertig, der Geselle ging, Ralf Sieglers Wunsch blieb. Von 1994 bis 1997 machte er eine Ausbildung in Schwäbisch-Gmünd zum Schreiner. Nach dem Abschluss arbeitete er zunächst für einige Zeit im Schreinerhandwerk.

Bald aber drückte er wieder die Schulbank und absolvierte eine zweite Ausbildung: zum Heilerziehungspfleger. Parallel dazu entstanden ab 2001 erste Ideen, um aus Holz kunstvolle und dekorative Objekte zu erschaffen, damals noch im Rahmen eines Hobbys mit Kellerwerkstatt. Hier hatte Ralf Siegler mit den normalen Anfangsschwierigkeiten zu kämpfen: Weil eine Dekupiersäge fehlte, kam die Stichsäge zum Einsatz. »Beim Hartholz – wenn es groß ist – geht das schon. Aber sobald es kleiner wird, kommt man mit der Stichsäge nicht mehr klar. Das war dann teilweise sehr krumm.« Mit dem Kauf eines günstigen Einsteigermodells wurden die Ergebnisse entschieden besser. »Von Hand habe ich dann die Bretter gehobelt, weil ich keinen Elektrohobel hatte.« Und auch wenn ihm das Hobeln von Hand bis heute Spaß mache, könne dabei gut ein kompletter Tag verstreichen, bis das richtige Maß erreicht sei.

Nachdem die Werkstatt in seinem nächsten Haus bereits größer war, entstanden zunehmend kunsthandwerkliche Arbeiten. »Die

HOLZMANUFAKTUR SIEGLER
Am Kreuzfelsen 19 • 79875 Dachsberg • Tel. 0174/2135666
holzmanufakturSiegler@web.de
Termine sind am besten nach telefonischer Absprache möglich.

Siegler

Ralf Sieglers Tipp

Der Ibacher Panoramaweg ist eine aussichtsreiche Rundwanderung um Ibach. Er durchquert das Naturschutzgebiet Kirchspielwald-Ibacher Moos und bietet auf der gesamten Strecke fantastische Ausblicke, mal zu den Alpen, mal über das Ibacher Hochtal oder zum Feldberg.

Liebe zum Holz hat mich immer fasziniert. Es ist ein warmer, lebendiger Werkstoff.« Hier favorisiert er Vollhölzer, insbesondere das Holz von Zwetschgen: »Zwetschgenholz lässt sich sehr gut bearbeiten und hat durch seine Maserung einen schönen Charakter.« Ebenso lassen sich aus Eibenholz wunderbare Objekte herstellen. Neben typischen Schwarzwaldmotiven wie Hirschen und Bollenhüten nennt der Künstler seine Skulpturen-Reihe *Die Liebenden*, aber auch Garderoben, Servierbretter und Vesperbretter als häufige Motive und Arbeiten. Hinzu kommen Dekorationsgegenstände wie Kerzenhalter oder geschickt in Szene gesetzte Baumscheiben. Die Herangehensweise ist dabei denkbar einfach: »Bei einem schönen Brett habe ich oft schon beim Hobeln eine Idee, was wir daraus machen können. Manchmal braucht man auch gar nicht viel machen, weil das Brett für sich spricht.« Allerdings sollte es nicht zu modern werden, sondern seinen rustikalen Charakter behalten. Für Alltagsgegenstände gelte zudem, dass diese wirklich auch alltagstauglich sein sollen. Die Servier- und Vesperbretter werden daher dreifach geölt und poliert, sodass Wasser abperlt und gar nicht erst eindringen kann.

Im Jahr 2019 zog Ralf Siegler zu Pia Provazi nach Dachsberg, wo beide heute in Pflegeberufen arbeiten. Zugleich war für ihn klar, dass er auch in der Schwarzwaldgemeinde nebenher mit Holz werkeln wollte. Hier konnte sich Ralf Siegler bei einer Schreinerei einmieten. Für die Umsetzung seiner Ideen steht ihm nunmehr ein professioneller Maschinenpark zur Verfügung. Das Hobby ist zum Gewerbe aufgestiegen, womit auch Pia bei allen Holzarbeiten, beim Erstellen von Schablonen und beim Bemalen mit anpackt. Neben einem eigenen Stand auf Kunsthandwerker- und Weihnachtsmärkten in der Region beliefert das Paar mittlerweile mehrere Läden in St. Blasien. »Die Schwarzwälder Holzkunst kommt hier natürlich gut an, und die Vielfältigkeit der Produkte macht den Leuten und auch mir Freude«, so Ralf Siegler.

Einen Auftritt im Internet haben er und seine Frau hingegen bald wieder beendet. »Die Leute wollen das Holz anfassen, sie wollen spüren, wie glatt es ist, und sie wollen auch Fragen stellen: ›Was ist das für ein Holz?‹, ›Wie ölt ihr es ein?‹ usw.« Tatsächlich entstehen aus den Gesprächen heraus neue Ideen und Aufträge, bei denen die Wünsche der Kunden individuell umgesetzt werden. Andererseits fällt es Ralf Siegler manchmal schwer, ein fertiges Produkt herzugeben: »Wir hatten ein normales Eibenbrett eingeölt und als Garderobe Hirschköpfe darauf angebracht. Das hat uns so gut gefallen, dass wir uns gesagt haben: ›Nee, das verkaufen wir nicht.‹« Jetzt hängt es bei den beiden in der Wohnung.

Pia Provazi und Ralf Siegler entwickeln ihre Ideen aus dem Holz heraus. Typische Schwarzwaldmotive und die Reihe der *Liebenden* machen schon beim Betrachten Freude. Alte Hufeisen erhalten als Standbein für Kerzenhalter neue Funktionen.

Café zum alten Engel

Erika Zoubkov liebt die Mischung von Tango und Dorfhock

Der Slogan: »Arbeiten, wo andere Urlaub machen« wird von Ferienregionen gern aufgegriffen, um Arbeitskräfte anzulocken. Erika Zoubkov ist einen Schritt weitergegangen: Die Gemeinde Dachsberg-Urberg hatte sie 1980 durch den gemeinsamen Urlaub mit ihren Eltern kennen- und lieben gelernt – nur drei Jahre später kauften ihre Eltern zusammen mit einer anderen Familie das Anwesen in Urberg. Nach der Geburt ihrer Drillinge kehrte Erika Zoubkov 1999 als frisch gebackene Mutter für sechs Wochen zurück in den Hotzenwald. Ziel war es zunächst, einen festgestellten Vitamin-D-Mangel zu kurieren. Was in Dachsberg-Urberg anders ist, könne sie nicht erklären, »aber nach ein paar Wochen war das Thema erledigt«. Aus den sechs Wochen Kuraufenthalt wurde ein Dauerzustand.

Zum Wohl ihrer Kinder zog Erika Zoubkov als damals alleinerziehende Mutter 1999 nach Urberg um. Bis dort lag ein sehr bewegtes Leben hinter ihr. Nach ihrer Geburt in der Schweiz waren ihre Kindheit und Jugend in Mannheim und Freiburg von ständigen Umzügen geprägt. »Ich habe sechs Geschwister. Wir haben gerade in der Freiburger Zeit viel in Ferienwohnungen gewohnt, weil wir kein Haus oder keine größere Wohnung bekommen haben. Die Vermieter haben die Häuser lieber leer stehen gelassen, als eine Familie mit vielen Kindern zu nehmen. Wenn wir dann nach Urberg gefahren sind, haben wir immer gesagt: ›Wir fahren in die Ferien nach Hause.‹«

Nach dem Tod ihrer Mutter überließ der Vater den Kindern die Haushälfte. Das war im Jahr 2006. Unter ihren Geschwistern bestand einhellig die Meinung, dass das Erbe erhalten bleiben solle. Allerdings wollte sich dann keiner das Haus quasi ans Bein binden. »Ich hatte dann auch nur die obere Hälfte des Hauses«, so Erika Zoubkov. Pläne, daraus mehr zu machen, waren bald gefasst, aber: »Solange es zwei Parteien gehört, kann man ja nichts machen.« Das Verhältnis zu ihrer Nachbarin, einer älteren Dame, beschreibt Zoubkov als Katz-und-Maus-Spiel. Auch war unklar, was einst von ihren Eltern beim Kauf mit der Nachbarin vereinbart worden war. Der Blick in alte Verträge und auch der Auszug aus dem

CAFÉ ZUM ALTEN ENGEL
Vogelsang 13 • 79875 Dachsberg • Tel. 07672/48 15 72 • zum-alten-engel.de
Öffnungszeiten Café und Lädele: Do/Fr 14–18 Uhr, Sa/So 12–18 Uhr (So nur Cafébetrieb)

Grundbuch halfen wenig. »Sie haben das damals hier zusammen gekauft und sich erst danach Gedanken darüber gemacht, wie machen wir das jetzt eigentlich?« Der Umzug ihrer Nachbarin nach Berlin brachte schließlich Bewegung in die Sache: 2018 bekam Erika Zoubkov die zweite Haushälfte angeboten, im Herbst 2019 erfolgte dann der Kauf von ihrer Seite.

Trotz wiederkehrender eigener Umzugsgedanken hat Zoubkov diesen Schritt nicht bereut. So erkenne man erst im Lauf der Jahre, was man alles im Haus und draußen umsetzen könne. »Ich liebe Nischen und Sitzplätze und habe im Garten immer schon verschiedene Sitzmöglichkeiten gehabt. Über rohe Eier redet man zwar nicht, aber ich habe immer gesagt, wenn ich die Chance habe, den unteren Teil ebenfalls zu kaufen, dann will ich das wirtschaftlich nutzen und für das Dorf wieder einen Mittelpunkt schaffen.« Zugleich hat sie die Richtung festgelegt, in die es für einen dörflichen Treffpunkt gehen sollte: »Ich wollte keine Kneipenkultur. Auch wenn das Dorf das hier vielleicht möchte. Ich will eine andere Richtung einschlagen.« Die Eröffnung des Cafés sollte im Frühjahr 2020 erfolgen, wurde jedoch aus verschiedenen Gründen verschoben.

Um dennoch erste Erträge zu erwirtschaften, beantragte Erika Zoubkov im Herbst 2020 die Eröffnung eines Ladens mit Direktvertrieb heimischer Produkte. Bis dato war sie viel auf Kunsthandwerkermärkten unterwegs gewesen, wo sie sich auch heute noch wohlfühlt. Als diese Märkte reihenweise abgesagt wurden, sah es zunächst so aus, als müsste Soubkov ihre Sa-

Ein echter Hingucker sind die Torten im *Café zum alten Engel*. Viel Holz und ein alter Ofen strahlen im Caféraum Behaglichkeit aus. Mehrere Nebenräume zeigen Handarbeits- und Kurzwaren und vieles mehr aus der Region.

chen bis aufs Geratewohl einmotten. Doch ihr Antrag hatte Erfolg: Im November konnten hier die ersten Kunden Spezialitäten und Kunsthandwerk-Objekte aus der Umgebung erwerben. Im Sommer 2021 öffnete dann das Café seine Pforten, und bald folgten erste Veranstaltungen.

Auf die Leute zugehen, musste Soubkov dabei nicht. Vielmehr haben die Gäste das Café und den Ort in Urberg als Rahmen für allerlei Anlässe gesehen. Bei im Innenraum überschaubaren 25 Plätzen eignet sich das Café insbesondere für Familienfeiern und kleinere Veranstaltungen. Auf Events wie Tavernenlieder und Baumgeschichten im Sommer und Herbst folgten verschiedene Vernissagen im Winter. »Ich liebe die Abwechslung. Deswegen bin ich ja auch früher immer unterwegs gewesen. Heute hole ich mir die Abwechslung hierher.«

Vom Kneipenbetrieb nimmt Erika Zoubkov zwar noch immer Abstand, lädt jedoch einmal im Monat zum Dorfhock ein. Auch Cocktailabende und Seniorennachmittage haben sich etabliert. Und bis weit über Dachsberg hinaus ist die Location als Tango-Café bekannt. Dies geht auf die Anfrage einer Tango-Gruppe zurück. Hinzu kommen Lesungen, Vorträge, Theateraufführungen und musikalische Veranstaltungen.

Bei aller Euphorie bremst sie aber auch ein wenig. So müsse man nicht alles, was man im Hinterkopf habe, gleich umsetzen, »sondern man muss das angepasst machen, damit sich die Leute daran gewöhnen, dass hier regelmäßig Betrieb ist«. Zu den regelmäßigen Terminen im *alten Engel* zählen auch die Treffen des Kunstclubs. Tatsächlich ist Erika Zoubkov am Überlegen, noch weitere derzeit leerstehende Räume des Hofs für neue Angebote zu nutzen. »Ich finde nichts bescheuerter als einen leerstehenden Raum.«

Erika Zoubkovs Tipp

Der Lehenkopfturm ist ein schönes Ziel für einen Spaziergang: vom *alten Engel* in Inner-Urberg einfach den Wegmarkierungen gelbe Raute in Richtung St. Blasien folgen und bei der Lehenrütte rechts zum Lehenkopf abbiegen.

Waldbeeren-Mascarpone

Eine fruchtige Torte, die auch bestens mit Beeren oder Kirschen aus dem eigenen Garten gelingt

Zutaten
für eine Torte (Ø 26 cm)

Für den Biskuitboden
2 helle Biskuitböden, entweder kaufen oder selbst backen und in ca. 2 cm dicke Böden schneiden

Für die Füllung
400 g Waldbeeren
80 g Zucker
5 Pck. Gelatine-Fix
500 g Mascarpone
400 g Sahne
1 Prise Salz

Für die Dekoration
800 g Sahne

Zubereitung
Für die Füllung die Beeren pürieren und den Zucker unterrühren. 2 Päckchen Gelatine-Fix in die Beerenmasse einrühren. Eine Weile stehen lassen, bis sich die Zuckerkristalle in der Masse aufgelöst haben.

Mascarpone und Sahne in eine Schüssel geben und mit dem Mixer oder der Küchenmaschine aufschlagen. Dabei die übrigen 3 Päckchen Gelatine-Fix vorsichtig hineinrieseln lassen und so lange weiterrühren, bis die Mascarpone-Sahne-Masse homogen ist.

Anschließend die pürierten Beeren mit dem Schneebesen unter die Masse heben.

Einen der Biskuitböden auf eine Platte legen und einen Tortenring um den Teigboden stellen. Die Beerenmasse einfüllen und glatt streichen. Den zweiten Biskuitboden auf die Masse legen und die Torte über Nacht kühl stellen.

Für die Deko am nächsten Tag eine feine Schicht geschlagener Sahne auf den oberen Tortenboden streichen, den Tortenring abnehmen und auch den Tortenrand mit geschlagener Sahne bestreichen.

Die Torte nach eigenem Geschmack weiter dekorieren.

Hochschwarzwald

Ulrike Wasmer-Ludwig

Die Holzbildhauerin führt die Schnitztradition in Bernau weiter

Die Bildhauerei und Schnitzkunst zählen zu den ältesten bis dato bestehenden Handwerkszweigen in Bernau. Der auch als »schönstes Hochtal im Schwarzwald« bekannte Ferienort profitierte durch den 1839 in Bernau-Oberlehen geborenen Hans Thoma. Im Alter von 20 Jahren hatte der Sohn eines Holzarbeiters seine Heimat verlassen, um in Karlsruhe Kunst zu studieren. Bernau aber blieb Hans Thoma Zeit seines Lebens verbunden: In der Stille der Natur malte er etliche Landschaften. Neben der Malerei schuf Thoma zwölf Entwürfe für die Rückenlehnen von Stühlen. Genau nach diesen berühmten Entwürfen stellt Ulrike Wasmer-Ludwig heute kunstvoll geschnitzte Rückenlehnen her. Die Holzbildhauermeisterin setzt damit die Tradition des 1898 gegründeten Familienbetriebs in Bernau fort.

Die Anfänge des Betriebs kennt Ulrike Wasmer-Ludwig natürlich vom Hörensagen sowie auch von alten Zeugnissen. »Mein Großvater hatte das Glück, an der Großherzoglich Badischen Schnitzereischule Furtwangen – Zweigstelle Bernau zu lernen. Damals haben mit ihm noch sechs weitere junge Männer das Handwerk erlernt.« Hinderlich war im späten 19. Jahrhundert natürlich, dass die jungen Männer in der Landwirtschaft unabkömmlich waren. Durch seine Beziehungen zum Großherzog von Baden war es Hans Thoma aber damals gelungen, dass in Bernau die Zweigstelle der Schule eingerichtet wurde. Nach dem hoffnungsvollen Start folgte allerdings das baldige Ende. »Es gab hintereinander zwei Lehrgänge mit jeweils drei Jahren«, berichtet die Bernauerin und erklärt: »Danach wurde sie mangels Bewerber wieder geschlossen.« Aus dieser Zeit erhalten geblieben sind eine Dekupiersäge und eine Werkbank samt Werkzeug, die die Schule ihren Absolventen als Startkapital mitgegeben hat.

Von unschätzbarem Wert waren die zwölf Motive von Hans Thoma. »Auf zwei Originale hatte er draufgeschrieben ›Für die Bernauer Holzschnitzerei‹.« Damals war es bei Hochzeiten üblich, als Aussteuer der Frau einen Tisch und vier Hans-Thoma-Stühle mitzugeben. Die

ULRIKE WASMER-LUDWIG
Dorfstraße 4 • 79872 Bernau im Schwarzwald/OT Dorf
Tel. 07675/1232 • wasmerludwig.de
Öffnungszeiten der Ausstellung: Mo–Fr 8–12 und 14.30–18.30 Uhr, Sa 9–12 Uhr

U. Wasmer-Ludwigs Tipp

Der Zauberwald von Bernau befindet sich in einem großen Hochmoor und ist für Jung und Alt geeignet. Hier spaziert man wie durch ein Märchen, begegnet dem Zauberer Merlin, einem versunkenen Kloster, läuft über einen Pirschpfad u. v. m.

Bernauerin lacht: »Das konnten sich natürlich nur die reichen Bauern leisten.« Ein weiteres frühes Standbein waren geschnitzte Uhrenschilder und Tierfiguren. Letztere wurden in den 1930er-Jahren gern zum Verschenken gekauft. Ab 1937 trat dann Ulrikes Vater in die Fußstapfen seines Vaters. Neben der betrieblichen Ausbildung in Bernau musste er während der Wintermonate zur Schule nach Furtwangen. Heute lässt sich die Strecke mit dem Auto bequem in 50 Minuten zurücklegen, zur damaligen Zeit war das aber alles andere als ein Honigschlecken: »Wenn im Winter Schnee lag, ist er mit den Skiern von hier nach Furtwangen – über den Feldberg.« Geld für den Bus gab es keines.

Zusammen mit ihrem Bruder lernte Ulrike Wasmer-Ludwig die Bildhauerei spielerisch kennen: »Als Kinder waren wir an Schlechtwettertagen natürlich beim Vater in der Werkstatt. Wir hatten immer ein Stück Holz, ein paar alte Werkzeuge und einen alten Schemel. Das Holz hat er uns mit der Schraubzwinge festgespannt, ein Schwarzwaldhaus aufgezeichnet, und das durften wir dann ausschnitzen.« Das Schlechtwetterprogramm erwies sich als willkommene Möglichkeit, das Taschengeld aufzubessern. Nach der Schule wechselte Ulrike Wasmer-Ludwig zunächst auf die Wirtschaftsschule. Ein Bürojob wäre damit gut möglich gewesen. Dann aber fragte sie ihr Vater, ob sie nicht auch Holzbildhauerei lernen wolle: »Das war dann irgendwie spannender.« Und für sie die richtige Entscheidung: »Man ist kreativ in diesem Beruf.« Beispiele für kreatives Arbeiten sind Masken für Gruppen der Alemannisch-Schwäbischen Fasnacht.

Daneben steht die Anforderung, nach vorgegebenen Motiven zu arbeiten. »Es ist schwieriger, etwas nachzumachen, als wenn man etwas aus eigenem Gedankengut heraus erschaffen kann. Wenn ich eine Vorlage habe, dann muss ich mich daran orientieren. Bei einem eigenen Entwurf bin ich frei, etwas bei der Arbeit anders zu gestalten als zunächst gedacht.« Auftragsgeber sind heute sowohl Privatpersonen als auch Kirchen. Hier ist es für sie bei freien Arbeiten wichtig, auch mal eine Skizze oder ein Modell vorab zu fertigen, damit sich der Kunde das vorstellen kann. Sie selbst sieht ihre Stärke jedoch nicht im Zeichnen: »Sagen wir so, ich mach's nicht gern, weil mir ein paar Striche auf dem Holz reichen.« Als Beispiel nennt sie eine Großfigur im Eingangsbereich vom Bernauer Zauberwald – bei so großen Figuren komme in erster Linie die Kettensäge zum Einsatz. »Da muss ich mir vorstellen können, was man aus dem Holz machen kann.« Am Ende wurde es der Zauberer Merlin, der aus einem Baumstamm heraus die Besucher des Zauberwalds begrüßt.

Wichtig ist der Bildhauerin bei all diesen profanen Arbeiten, dass sie die natürlichen Proportionen beibehält. »Weil wenn das gefestigt ist, dann kann man auch abstrakt oder stilisiert arbeiten. Dann weiß man: Das passt, oder das passt nicht.«

Ulrike Wasmer-Ludwig steht in der Tradition der Holzbildhauerkunst in Bernau. Zu ihren klassischen Arbeiten zählen Krippen- und Setzfiguren. Im Schauraum finden Besucher eine große Auswahl kunstvoll geschnitzter Masken sowie auch Hexen.

Meisterbrief

Johannes Köpfer

Der Holzbildhauer hat ein Gespür fürs Figürliche

Wenn Johannes Köpfer heute seine Werkstatt betritt, so tut er dies in der bereits dritten Generation seiner Familie. Dadurch hat er miterlebt, wie sich die Arbeit in der Holzbildhauerei geändert hat. »Mein Großvater hat Holz- und Steinbildhauer gelernt und war auch an der Kunstakademie in Karlsruhe. Er arbeitete damals mehr im religiösen und dekorativen Bereich, auch Steingrabmale gehörten dazu.« Sein Vater Egon Köpfer schnitzte Reliefs und dekorative Möbel in Zusammenarbeit mit den Bernauer Schreinern. Er hatte etliche Stuhllehnen auch nach Motiven von Hans Thoma geschnitzt. Johannes Köpfer selbst ist für seine Masken und Tierfiguren bekannt. Der Familienbetrieb ging aus der einstigen Schnitzschule, Zweigstelle der Großherzoglichen Schnitzschule Furtwangen, welche von 1896 bis 1916 in Bernau war, hervor.

Tatsächlich verbrachte der 1958 in St. Blasien geborene Künstler schon als Kind viel Zeit in der Werkstatt. Allzu romantisch dürfe man sich dies allerdings nicht vorstellen. »Natürlich war man immer drumherum und hat irgendwas gemacht. Wir Kinder haben einfache Spielsachen gemacht – Steckliesel zum Beispiel, das ist ein altes Brettspiel.« Durch den aufkommenden Tourismus war es ihm gut möglich, so sein Taschengeld aufzubessern. Nach der Ausbildung bei seinem Vater legte er 1978 die Gesellenprüfung in Freiburg ab. Die Ausbildung im eigenen Betrieb barg den Vorteil, dass er sich mit Beginn der Lehrzeit frei entwickeln konnte. Eine Einschränkung gab es aber doch: »Ich musste auch Stuhllehnen und klassische Schnitzereien anfertigen. Das Geld, was ich gekostet habe, musste auch wieder reinkommen.« Neben dem handwerklichen Geschick war hier zügiges Arbeiten gefragt. Diese Mischung aus freier künstlerischer Entfaltung und betrieblichem Druck führte zum Erfolg: In seinem Fachgebiet wurde der damals 20-Jährige mit der Skulpturengruppe *Auf der Flucht* Innungs-, Kammer- und Landessieger.

Nach Stationen mit Akkordarbeit in Starnberg und München kam er nach Frankfurt in die Holz- und Bildhauerei Meier-Uhl, wo er an der Wiederherstellung des Frankfurter Römer (Holzknaggen, -figuren und Ornamentik) mit-

JOHANNES KÖPFER
Dorfstraße 16 • 79872 Bernau im Schwarzwald • Tel. 07675/13 33 • dorfart.de
Öffnungszeiten nach Vereinbarung

Johannes Köpfers Tipp

Im Hans-Thoma-Kunstmuseum gibt es neben den Arbeiten von Hans Thoma auch bedeutende zeitgenössische Kunstwerke, z. B. der Hans-Thoma- und der Natur-Energie-Preisträger, sowie großartige Kunstausstellungen zu sehen.

wirkte. Des Weiteren arbeitete er dort im Grabmal- und Spielplatzbereich. Im Jahr 1982 ging es zurück nach München, wo er für den Meisterkurs an der Luisenschule angenommen wurde. Neben der Holzbildhauerei belegte Köpfer dort die Fächer Akt- und Freihandzeichnen, Entwerfen und Modellieren. Nach Studienreisen nach Wien, Prag und Griechenland legte er schließlich in der bayerischen Landeshauptstadt die Meisterprüfung ab. 1986 erfolgte die Rückkehr nach Bernau, wo er in dem alten Schwarzwaldhaus der Familie neben der Werkstatt des Vaters seine eigene einrichtete.

Wer dem Bildhauer heute über die Schulter blickt, staunt über die Geschwindigkeit, mit der aus zunächst wenigen Konturen erkennbare Gesichter oder Figuren aus dem Holz entstehen. Johannes Köpfer: »Das ist natürlich auch Routine. Ich sage immer, wenn die Skulptur im Kopf fertig ist, dann ist die Ausführung Handwerk. Wie man einen sauberen Schnitz setzt und weiß, wie man das Werkzeug schärft – diese Dinge gehen mit der Zeit wie von selbst.« Dazu gehört aber auch das Wissen über den Umgang mit verschiedenen Hölzern und wie sich diese verarbeiten lassen. So arbeitet er heute u. a. mit dem Holz der Weymouth-Kiefer oder auch der Zirbelkiefer. Hart- und Obsthölzer gehören ebenfalls dazu. Köpfers Werke zieren heute z. B. den Zauberwald oder den Fußweg entlang der Bernauer Alb.

Neben Tierskulpturen und Masken restauriert der Bernauer auch in die Jahre gekommene Kunstwerke. Dazu zählen die im Schwarzwald häufigen Bildstöcke, aber auch ein barockisierter Altar in einer Kapelle in Herrischried. »Hier mache ich, was bildhauerisch möglich ist. Wenn Teile ausgeflickt werden, muss ich wissen, wie ich etwas ergänze, dass es nachher auch hält.« Die Bearbeitung von Holz empfindet er im Übrigen als nicht viel leichter als die von Stein. Denn: »Holz ist immer faserig, da muss ich immer dagegen abstechen und gegenschneiden. Beim Stein ist das nicht so – hier kann man mit dem Meißel ohne Nachschneiden das Material wegklopfen.«

Wer die Winter in Bernau kennt, denkt an Wintermärchen. Denn durch die Lage südlich vom Feldberg und dem Herzogenhorn sammelt sich im Bernauer Hochtal abfließende Kaltluft. Damit herrschen Anfang Februar optimale Bedingungen für das Schneeskulpturen-Festival. Zusammen mit der Künstlerin Christel Andrea Steier hat Johannes Köpfer hier 2019 die Skulptur *Weißer Moai* aus einem neun Kubikmeter mächtigen Schneeklotz herausgearbeitet. Anstelle von Stechbeitel und Schnitzmesser kamen dabei Schaufeln, Spaten, Schäleisen und Traufeln zum Einsatz. Mit der Schneeschmelze machen die Skulpturen dann dem Frühling im Tal Platz.

Johannes Köpfer fertigt Masken im Handumdrehen. Als Bürsten finden Holzarbeiten praktische Verwendung im Alltag. Andere seiner Figuren erinnern an alte Indianerkunst. Der Blick in die Werkstatt verrät: Hier wird gearbeitet.

Café Rosalie

Tanja Eckert lebt ihr eigenes Märchen

Jeder, der »Drei Haselnüsse für Aschenbrödel« gesehen hat – und das dürfte auf so ziemlich jeden zutreffen –, kennt Rosalie: In dem 1973 verfilmten Märchen bewacht der Waldkauz Aschenbrödels Schmuckschatulle und ermutigt sie, ihre Zaubernüsse eine nach der anderen zu öffnen. Tatsächlich war es kein Zufall, dass Tanja Eckert ihr Café im Herzen von St. Blasien nach dieser Filmheldin benannte. Denn vor der Eröffnung hatte sie das Märchen so oft mit ihrer Tochter gemeinsam angeguckt, dass sie es irgendwann auswendig konnte. Zugleich passte die Eule zu ihrem Wunsch, aus ihrem Café einen Ort der Begegnung zu machen. Eckert erklärt: »Die Eule ist ja im Hintergrund dafür verantwortlich, dass Aschenbrödel und der Prinz schlussendlich zusammenkommen.« Rosalie wurde somit erst zum Maskottchen, dann zum Namensgeber des Cafés. Bis zur Eröffnung gab es jedoch erst einmal einiges zu tun.

Nach dem Abitur in Bad Säckingen und dem Studium des Hotelmanagements in Holland arbeitete Tanja Eckert zunächst als Unternehmensberaterin in München. Ursprünglich stammt sie aus Todtmoos und wollte gern wieder in den Schwarzwald zurückziehen. Fern jeder Großstadt als Unternehmensberaterin erfolgreich zu sein, schätzte sie allerdings als schwierig ein. Tanja Eckert: »Ich habe mich dann besonnen und gefragt, was ich gut kann und was ich gerne mache.« Durch ihre Besuche bei Verwandten dachte sie bereits daran, ein Café zu eröffnen. »Ich habe mir überlegt, was mir am meisten fehlen würde, wenn ich von der Stadt hierherziehe – und das ist ein gutes Café.«

Bei einer Fahrt durch St. Blasien war ihr dann das leerstehende Gebäude an der Alb aufgefallen. »Da war noch gar nichts renoviert, aber es stand drauf ›Zu verpachten‹«, so Eckert. Zu dem Zeitpunkt war an diesem Standort keine Gastronomie vorgesehen: »Früher war das mal ein Kiosk, bei dem die Schüler vom Kolleg auf dem Weg zum Bus Süßigkeiten gekauft haben.« Nach der Schließung des Kiosks wurde der Raum mal als Videothek, mal zum Billardspielen genutzt, stand aber ansonsten jahrelang leer. Einen solchen Standort wieder zum Laufen zu bringen, ist schwer. Für Tanja Eckert aber war das einst zum Kloster

CAFÉ ROSALIE
Im Süßen Winkel 1 • 79837 St. Blasien • Tel. 07672/485 66 77 • caferosalie.net
Öffnungszeiten: Mi–So 9–18 Uhr

KAFFEE & SCHOKI
mit Haselnu
EISKAFFEE & EISS
HEIßE ZITRONE
FRISCHER PFEFFER
VERSCH. BIO-TEES
mit Schokoladensoße ,80
& Karamellsoße
+ Früchte 1,60
+ Sahne ,80

Tanja Eckerts Tipp

In St. Blasien ist der Sanagarten, eine neobarocke Parkanlage mit Treppenaufgängen und Balustraden, ein schöner Ort zum Flanieren und Verweilen. Außerhalb der Stadt lohnen sich die Wasserfälle von Menzenschwand.

gehörende Gebäude mit seiner Traumlage wie geschaffen.

Das Konzept für ihr Café hatte die damals junge Mutter zu der Zeit bereits im Kopf. »Ich wollte etwas Gemütliches, wo man sich gern reinsetzt und wo sich die Leute treffen.« Dabei habe sie Eigenschaften wie Geselligkeit und gern Leckeres naschen auch der Eule Rosalie zugeschrieben. Zugleich profitierte sie bei der Gestaltung von ihren eigenen Beobachtungen. »Ich gehe selbst total gern in Cafés, ich war kurz in Frankreich, in den USA, ganz lange in Madrid und habe versucht, das, was mir in den vielen Cafés am besten gefallen hat, zusammenzubringen.« Auch wenn dafür mit dem eigenen Geschäft natürlich nicht mehr so viel Zeit übrigbleibe, besuche sie auch heute noch gern Cafés bei ihren Fahrten nach Freiburg oder Zürich.

Zunächst aber musste das alte Gebäude auf Vordermann gebracht werden. »Das war richtig heruntergekommen – auch von außen, aber doch hier so mittendrin, das war echt schade.« Nach ihrem Umzug von München nach St. Blasien musste sie hier also alte Tapeten entfernen und vieles wieder instandsetzen oder umbauen. Doch nach einem Dreivierteljahr konnte das Café im Frühjahr 2017 seine Türen endlich für Kunden und Gäste öffnen. Noch im ersten Jahr musste sie mitansehen, was es in St. Blasien bedeutet, so nah an der Alb zu sein: »Im Januar 2018 stieg der Bach bis zur Brücke hoch.« Der Keller war damit geflutet. Nur wenige Zentimeter haben gefehlt, dann hätte die Alb auch den Cafébereich unter Wasser gesetzt. Inzwischen ist der Keller so eingerichtet, dass alles etwas erhöht steht.

Beim Besuch des Cafés fällt heute auf, dass im Inneren vieles tatsächlich gar nicht so neu ist. So dienen allein sechs alte Nähmaschinen als Tische. Daneben haben auch große ältere Tische und Stühle hier ein neues Zuhause gefunden und verleihen dem Raum ein einladendes Ambiente. Anfangs hat Tanja Eckert diese Möbel über Kleinanzeigen oder auf Flohmärkten gefunden – mit der Eröffnung des Cafés wurden ihr dann immer wieder Nähmaschinen angeboten, die noch irgendwo herumstanden. »Das scheint früher echt ein Massenprodukt gewesen zu sein, was niemand wegschmeißen will.« So warten mittlerweile einige weitere Nähmaschinen und -tische in ihrer Wohnung auf einen neuen Einsatz.

Mit 30 Plätzen im Innenraum ist das *Café Rosalie* bewusst überschaubar gehalten. Auch wenn alle Tische belegt sind, bleibt es dadurch angenehm ruhig und persönlich. Dazu kommt während der Sommermonate die Terrasse mit weiteren 40 Plätzen. »Im Sommer hängen wir hier Regenschirme auf – als Sonnenschutz und auch als Blickfang«, so Tanja Eckert. Vor allem aber bietet die Terrasse durch die Nähe zur Alb einen auch an heißen Sommertagen angenehmen Ort, um die Domstadt bei Kaffee und Kuchen, einem herzhaften Crêpe mit Salat oder auch am Abend bei einem erfrischenden Mojito oder einer Piña Colada zu genießen.

Tanja Eckert vereint im *Café Rosalie* all das, was sie sich selbst für einen Wohlfühlort wünscht. Ein lichtdurchfluteter Raum, einige Accessoires und leckere Frühstücke machen aus dem Besuch im *Café Rosalie* einen kleinen Urlaub.

Rosalies Rüblikuchen

Eine alemannische Kuchenspezialität aus dem Kanton Aargau

Zutaten

Für eine Springform (Ø 26 cm)

Für den Teig

260 g Mehl
1 Pck. Backpulver
1 TL Salz
1½ TL Zimt
250 g Butter
300 g brauner Zucker
1 TL Vanille
4 Eier (M)
300 g Karotten
100 g Walnüsse, gehackt

Für die Deckschicht

225 g Frischkäse
140 g Puderzucker

Für die Dekoration

Walnusskerne

Zubereitung

Die Kuchenzubereitung ist angesichts der vielen Zutaten erfreulich einfach: Das Mehl mit Backpulver, Salz, Zimt, Butter, Zucker, Vanille und den Eiern in einer Schüssel vermischen.

Die Karotten raspeln und zusammen mit den Walnüssen unterheben.

Den Teig in eine Springform geben und bei 180 °C Ober-/Unterhitze im Backofen etwa 45 Minuten backen. Den fertigen Kuchen abkühlen lassen.

Für die Deckschicht den Frischkäse mit dem Mixer auf niedriger Stufe glatt rühren und dabei den Puderzucker einrieseln lassen. Den abgekühlten Kuchen mit der Frischkäsecreme bestreichen und mit Walnusskernen dekorieren.

Bernd Ruderisch

Der Goldschmied hat ein besonderes Gespür für die edlen Steine

Durch den imposanten Dom und die idyllische Lage im Hauensteiner Albtal ist St. Blasien seit jeher ein attraktives Reiseziel. Bei ihrer Einweihung 1783 war die Abteikirche die drittgrößte Kuppelkirche Europas – und sie zählt bis heute zu den größten Kuppelbauten weltweit. Gegenüber des mit vier Säulen geschmückten Eingangsportals der Kirche fertigt Bernd Ruderisch Schmuckstücke nach den Vorstellungen seiner Kunden an. Bis zur Eröffnung des eigenen Ateliers war es allerdings ein weiter Weg für den Künstler.

Durch seine Mutter Ursula Prellwitz, die in der Domstadt ein Geschäft eröffnete, kam Bernd Ruderisch 1962 als Achtjähriger nach St. Blasien. »Es fing an mit Reiseandenken wie den typischen Schwarzwald-Puppen und Kuckucksuhren.« St. Blasien erlebte damals einen touristischen Boom, wovon auch der Laden profitierte. Bald wurde das Angebot um Mode- und Silberschmuck sowie um heimische Mineralien und Edelsteine erweitert. Für Ruderisch stand nach dem Besuch der Volksschule der Wechsel aufs Internat-Gymnasium in Triberg im Schwarzwald an. Zwar befindet sich das Kolleg von St. Blasien in direkter Nachbarschaft, doch die Familie stammt ursprünglich aus Eisenach in Thüringen – und da ist man evangelisch. Damals war das hiesige Kolleg noch sehr streng katholisch, und »das wollte mir meine Mutter nicht antun«.

Nach Abitur und Wehrdienst stand der nächste Ortswechsel an, diesmal nach Bochum, wo Bernd Ruderisch an der Ruhr-Universität Chemie und Physik fürs Lehramt und später Mineralogie studierte. Hier wurde sein Interesse für Edelsteine geweckt und die Grundlage für den weiteren Werdegang gefestigt; es folgte eine Ausbildung in Idar-Oberstein zum Gemmologen und Edelstein-Gutachter. »Die Gemmologie ist ein Zweig der Mineralogie und beschäftigt sich hauptsächlich mit Edelsteinen«, erklärt Bernd Ruderisch. Bei einem Schmuckproduzenten nahe Pforzheim lernte er alle wichtigen Goldschmiedetechniken kennen – parallel zur Arbeit im Geschäft in St. Blasien, denn dem Albtal fühlte er sich, durch Freunde und den Sport, immer verhaftet. Im Jahr 1983 war es so weit: Das eigene Geschäft wurde eröffnet und die Schmuckwerkstatt schrittweise aufgebaut.

BERND RUDERISCH

Hauptstraße 19 • 79837 St. Blasien • Tel. 07672/43 53 • studiob-schmuck.de
Öffnungszeiten: Mo–Fr 10–12.30 und 14–18 Uhr, Sa 10–13 Uhr oder nach Vereinbarung

Bernd Ruderischs Tipp

Eine Wanderung durchs Windbergtal und in die Windbergschlucht ist wunderschön – nach weiten Wiesen im oberen Bereich geht es in eine wilde und im Sommer schön kühle Schlucht mit Wasserfall.

Das ist jetzt auch schon 40 Jahre her, Ruderischs Begeisterung für edle Steine aber immer noch ungebremst: »Faszinierend ist für mich die Einzigartigkeit. Das fängt bei ganz kleinen Steinen an und hört auch bei größeren Edelstein-Objekten nicht auf. Jeder Stein ist durch seine Farbigkeit anders und damit immer etwas Besonderes.« Auch sind die Möglichkeiten in der Bearbeitung inzwischen deutlich vielfältiger geworden. »Früher gab es nur die klassischen Facettenschliffe, die sicher auch sehr spannend sind und die Rohsteine zum Funkeln bringen. Aber es gibt sehr interessante neue Schliffe von innovativen Schleifern, deren Verarbeitung in Schmuck besondere Freude bereitet«, so Bernd Ruderisch. Im Normalfall bezieht er die fertig geschliffenen Steine über den Handel.

Ein vertrauensvolles Miteinander mit den Schleifereien ist ihm wichtig. Deshalb beschränkt sich Bernd Ruderisch auf den engen Kontakt zu wenigen Schleifereien und Händlern, die nur gute Qualitäten anbieten: »Minderwertige Qualitäten kommen mir nicht ins Haus!« Daneben können Kunden auch eigene Steine mitbringen, die in ein Schmuckstück eingearbeitet werden. Als Beispiel nennt er einen Opal, den eine Familie als Andenken von einer Australienreise mitgebracht hatte – 20 Jahre später rangen sie sich dazu durch, diesen Stein in einen Ring setzen zu lassen. Entstanden ist ein wunderschöner Goldring mit eben diesem Opal, der zum Lieblingsstück seiner Besitzerin wurde. Auch von Kunden aus der Schweiz habe er alten Schmuck bekommen: »Das waren Siegelringe, die wir zum Teil umgearbeitet, zum Teil neu gravieren haben lassen. Die Kunden waren überglücklich, weil aus dem alten Familienschmuck etwas Neues und Zeitgemäßes entstanden ist.«

Er selbst bevorzugt im Schmuckbereich eine Kombination aus Silber und 750er-Gold, das sich besonders gut verarbeiten lässt und für die Steinfassungen eignet. Und es bildet einen schönen Kontrast zum Silber – bei diesem Material könne man schon mal großzügiger sein und auch große und vielleicht schwerere Ringe anfertigen.

Bei den Edelsteinen habe er hingegen keine Präferenzen. »Das wechselt auch. Im Moment zählt der Labradorith zu meinen Lieblingssteinen. Den verarbeite ich gern in Schmuck – als Ring oder als Halskette erfreut sich dieser Stein großer Beliebtheit –, und ich verkaufe ihn auch als größeren Dekorationsstein für Innenräume. Durch die farblichen Schattierungen sind diese Steine echte Hingucker, die viel Freude bereiten und die Räume mit guter Energie füllen.« Der Labradorith kommt aus Madagaskar, und Bernd Ruderisch bezieht die Steine direkt von einem jungen Minenbesitzer: »Ich war sein erster Kunde in Deutschland und habe deshalb bei ihm quasi ›einen Stein im Brett‹, denn er reserviert mir immer die schönsten Exemplare.«

Bernd Ruderisch weiß: »Vertrauen ist beim Handel mit Edelsteinen meine absolute Basis.« Ebenso findet er es wichtig, auf Ressourcen zu achten – so kauft er Edelmetalle von einer Pforzheimer Scheideanstalt, die mit recycelten Edelmetallen handelt.

Bernd Ruderisch gibt Ringen sowie auch kostbaren Mineralen ihren letzten Schliff. Neben zentnerschweren Ausstellungsstücken ist sein Laden in St. Blasien auch eine Schatztruhe für besonderen Schmuck.

black est
for est
ever

Simon Stiegeler

Der Holzbildhauer trägt alemannisches Brauchtum in alle Welt

Schaurig schöne Figuren, daneben zahlreiche Masken, Musik-CDs und Ordner mit Workshops und Entwürfen zu seinen Arbeiten – Simon Stiegelers Werkstatt kündet von seiner großen Leidenschaft. Deutschlandweit bekannt wurde der Holzbildhauer durch *The Masked Singer*. Für die Musik- und Fernsehshow auf ProSieben schnitzte der Schwarzwälder die Pokale. Ein weiteres Highlight seiner künstlerischen Laufbahn war die Expo 2010 in Shanghai, wo Simon Stiegeler als Botschafter des alemannischen Brauchtums die Besucher begeisterte.

Stiegeler zählt zu den Menschen, denen die künstlerische Laufbahn bereits in die Wiege gelegt wurde: »Mein Vater war Holzschnitzer. Ich habe mit drei Jahren schon Masken gezeichnet und Menschen skizziert. Das hat sich durch die ganze Schulzeit hindurchgezogen.« Als die Berufswahl anstand, entdeckten seine Eltern in Österreich eine Holzbildhauerschule. »Ich war mir da noch nicht schlüssig, dass ich da in die Fußstapfen vom Vater steigen will, das war nicht unbedingt meine erste Wahl.« Wohl aber war für ihn klar, dass er in seinem Beruf zeichnen und kreativ im Grafikbereich arbeiten wollte. Was fehlte, war die Vorstellung, wo man das verwirklichen könnte. Dass seine Eltern die Schule bei einem Ausflug ins Lechtal in Tirol entdeckten, sieht Stiegeler als eine glückliche Fügung. Denn diese vereinte die Ausbildungszweige Holzbildhauerei und Grafikdesign unter einem Dach. Er bewarb sich dort also für beide Abteilungen – und wurde für beide angenommen. »Die Lehrer haben dann aber gesagt, dass ich doch eher geeignet bin für die Holzbildhauer-Ausbildung, weil diese Abteilung der Schule künstlerisch ausgelegt und damit freier war.« Bei der Grafik wäre es eher in Richtung Werbegrafik gegangen, was nur enge Spielräume in der Gestaltung gelassen hätte.

Nach vier Jahren kehrte er zurück in den Schwarzwald, wo er in Freiburg Kunst studierte. »Ich habe in dieser Zeit drei Tage zu Hause gearbeitet und drei Tage war ich in Freiburg. Für mich war klar, dass ich mich künstlerisch weiterbilden wollte und nicht nur als

SIMON STIEGELER

Kirchsteig 5 • 79865 Grafenhausen • Tel. 07748/283

holzkunst-schwarzwald.de und flügelwesen-stiegeler.de

Öffnungszeiten: Mo–Sa 10–12.30 Uhr, Mo/Di/Do/Fr auch 14.30–18 Uhr

klassischer Holzschnitzer – wie man ihn früher kannte – arbeite, sondern freischaffender Holzbildhauer werde, der verschiedenste Einflüsse in seine Arbeit einfließen lässt.«

Prägend war für ihn während seiner Ausbildung, dass die Holzschnitzerei damals aus der Mode gekommen war. Durch das Geschäft in Grafenhausen stand er auch in Kontakt mit anderen Betrieben und bekam von dort wenig Ermutigendes für die Zukunft der gesamten Branche mit. So wurden die Produkte der Holzschnitzereien zunehmend von Deko-Artikeln aus maschineller Produktion abgelöst. Bei anderen Gegenständen wie Wegweisern, Kuckucksuhrenblättern, Madonnen, Kreuzen und Krippenfiguren ging die Nachfrage zurück. »Ich habe mir dann gesagt, du packst das schon, aber eben auf deine Weise«, so Stiegeler. Im Klartext bedeutete dies eine Vermischung der traditionellen Holzbildhauerkunst mit modernen Einflüssen, um so daraus etwas ganz Eigenes zu entwickeln.

Bald habe sich herausgestellt, dass dieser Weg für ihn der richtige war. Bei der Anfertigung von Narrenmasken profitierte der Bildhauer von den Tiroler Einflüssen. Insbesondere jüngere und neue Gruppen, Zünfte und Narrenvereine fühlen sich bei Simon Stiegeler gut aufgehoben, weil er jemand mit frischen Ideen und einem neuen Ansatz ist. »Die neuen Gruppen haben einfach auch nach neuen Formen gesucht; und damit sind wir sehr populär geworden.« Gleichzeitig pflegt er die traditionelle Schwäbisch-Alemannische Fasnacht weiter – zu den größten Zünften, die von ihm gefertig-

Simon Stiegeler vereint in seiner Werkstatt schaurig-schöne Narren-Masken mit Engels- und Krippenfiguren. Mit frischen Ideen und frechen Designs verpasst der Schwarzwälder seiner Region einen pfiffigen Anstrich.

te Masken tragen, zählen die *Pflumeschlucker* in Bonndorf. Wie viele kleinere Gruppen er mit Masken beliefert, kann er gar nicht genau sagen, schätzt ihre Anzahl aber auf 150 bis 200. Unterstützt wird er von seiner Frau Lillian, die die Malarbeiten ausführt. Die dabei eingesetzten Farben, Acryl auf Wasserbasis, werden alle von Hand gemischt.

Der damit verbundene Zeitaufwand hängt stark von den Wünschen der Kunden ab. So dauert die Anfertigung von Einzelstücken etwa drei Tage. Bei einer Serie hingegen werden die Masken grob vorgefräst, womit sich der Arbeitsaufwand auf rund einen Tag verringert (was immer noch nicht wenig ist). Andererseits ist man bis hinauf nach Berlin auf seine Ideen und Ausführungen in der Maskenschnitzerei aufmerksam geworden. So wurde der damals 34-jährige Bildhauer vom Bundeswirtschaftsministerium ausgewählt, die kulturelle Seite Baden-Württembergs auf der Weltausstellung in Shanghai zu gestalten. »Dort haben wir einen eigenen Raum bekommen, in dem wir unsere Masken ausstellen konnten.« Neben einigen Zünften aus dem Schwarzwald war dadurch auch die Meersburger Burghexe zu Gast in China. Zwei Jahre später erhielt Simon Stiegeler einen Innovationspreis für seine

Simon Stiegelers Tipp

Das *Schwarzwaldhaus* der Sinne in Grafenhausen bietet eine spannende Erlebniswelt auf drei Etagen: Unter dem Motto »Gugge, mache, wunderfitze« werden hier alle wichtigen Sinne gefordert – oder auch mal in die Irre geleitet.

Ausgestaltung des Bienen-Erlebnislehrpfads *Via Apis – Welt der Biene* im Schwarzwaldort Holzschlag/Bonndorf. Und 2014 folgte die Berufung zum Heimatbotschafter des Hochschwarzwalds.

Das Entwerfen, Gestalten und Schnitzen von Masken ist nur ein Standbein des Künstlers. Als weiteren Schwerpunkt seiner Tätigkeit nennt Stiegeler seine bis zu fünf Meter hohen Holzskulpturen. So bevölkern direkt gegenüber seiner Werkstatt beim Haus der Sinne mehrere *Flügelwesen* den am Hang gelegenen Garten. Unweit davon richten seine blauen *Sternsucher* im Skulpturenpark von Grafenhausen ihren Blick gen Himmel (alle drei Jahre bildet der Park den Rahmen für ein Holzbildhauer-Symposium mit internationalen Künstlern). Und auch manch Wanderer ist auf dem Themenweg *Wäldersinn* zwischen dem Ort und dem höher gelegenen Schlüchtsee seinem *In-die-Ferne-Gucker* begegnet: Die auffallend rote Figur steht neben einer VIScope, einem beweglichen Aussichtsfernrohr, bei dem die Namen der anvisierten Berge eingeblendet werden. Weitere seiner Arbeiten sind am Glottertäler Engelweg und am Bühlertäler Sternenweg zu sehen.

Ebenfalls im Jahr 2014 gründete Stiegeler das Schwarzwald-Label [:blackest-forest:]: »Das ist auch durch meine Liebe zum Zeichnen entstanden. Ich zeichne jeden Tag irgendwelche Skizzen, da setze ich mir keine Grenzen.« Zu der Zeit stieg das Interesse am Schwarzwald wieder deutlich an, und zunehmend mehr junge Menschen waren von den Masken fasziniert. »Mich hat das inspiriert, so ein bisschen ein freches Logo zu entwerfen.« Damit bedruckte er zunächst nur für sich und die Familie T-Shirts. Eines davon trug er auch bei SWR-Aufnahmen für eine Sendung über seine Masken. Nach der Ausstrahlung des Beitrags war die Resonanz darauf überwältigend: »Maskenbestellungen kamen keine, aber jeder wollte wissen, wo es diese T-Shirts gibt«, erzählt Simon Stiegeler. Das inzwischen geschützte Label eröffnete ihm damit die Möglichkeit, seine Liebe zum Schwarzwald auf eine besondere, frische und frechere Art darzustellen.

Dem *In-die-Ferne-Gucker* begegnen Wanderer auf dem Weg zum Schlüchtsee. Flügelwesen und Uhrenschilder setzen Akzente im Garten der Werkstatt.

30 JAHRE
WEITER SO

Café Zum gscheiten Beck

Ramona Bizenberger kreiert Torten im Handumdrehen

Wenn sie eine Schwarzwälder Kirschtorte herstellt, bleibt Ramona Bizenberger dabei nicht immer unbeobachtet: In Feldberg-Bärental ist das *Café Zum gscheiten Beck* bekannt für seine Schaukonditorei. Sobald die Konditorin startet, staunen die Zuschauer, wie schnell hier der Klassiker unter den Torten entsteht. Klar, der Schokoladen-Biskuitboden liegt gebacken parat und muss nur noch mit zwei Schnitten in drei Böden geteilt werden. Danach geht alles fix, verteilt sie mit flinken Händen die Creme und Sahne auf und zwischen den Böden. Nach zehn Minuten präsentiert Ramona Bizenberger das Ergebnis. Das ist rekordverdächtig, reicht innerhalb der Familie aber nur für Platz zwei. Die junge Frau lacht: »Meine Mutter braucht für eine Schwarzwälder Kirsch' nur sieben Minuten.« Wenn es doch mal länger dauert, dann deshalb, weil die Schwarzwälderin auch gern erzählt und die Besucher unterhält.

So steckt die erste Geschichte bereits im Namen des 1977 eröffneten Betriebs. In den ersten Jahren war dieser eine reine Bäckerei mit Stehcafé. Nachdem diese gut angelaufen war, beklagten bald darauf Bäckerkunden in ganz Deutschland, dass Brötchen zu teuer geworden seien. »Da hat mein Vater gesagt: ›Wenn die Brötle zu teuer sind, dann muss man sie billiger machen.‹« Und tatsächlich senkte Erich Bizenberger die Preise – gleichzeitig verkleinerte er jedoch auch die Brötchen. Was nach einer Mogelpackung klingt, hat er damals offen kommuniziert, sodass es schließlich in Bärental hieß: »Du bis' ein ganz gscheite Beck.« So wurde der Ausspruch zum Markenzeichen des Betriebs und ist heute rechtlich geschützt.

Für Ramona Bizenberger selbst war es wichtig, mal von zu Hause wegzugehen und quasi erwachsen zu werden. »Ich wollte schon immer reisen, und als Konditorin, die in Deutschland gelernt hat, kriegt man überall

CAFÉ ZUM GSCHEITEN BECK
Familie Bizenberger • Bahnhofstraße 3 • 79868 Feldberg-Bärental
Tel. 07655/341 • gscheiter-beck.de
Öffnungszeiten: Di–So 10–18 Uhr, Mo Ruhetag

Unser Tipp

Gleich neben der Schaukonditorei befindet sich das *Schnapshäusle*: Im Museumsbereich sind neben alten Utensilien zur Herstellung edler Brände auch Karaffen, Registrierkassen und Oblaten-Pressen zu sehen.

einen Job.« Ihre Lehrzeit absolvierte sie in Freiburg im ehemaligen *Café Blust*. »Das war damals die einzige Konditorei weit und breit, die auch Pralinen und Farbkuchen selbst hergestellt hat.« Nach der Mittleren Reife war sie als 17-Jährige nach Freiburg in die eigene Wohnung gezogen. Nach der Ausbildung sollte es sogleich in die weite Welt gehen. Allein die Bindung zur Mutter war stärker als der Reisedrang, und die junge Frau kam trotz der eigenen vier Wände ab und zu abends noch heim. Ihre erste Station nach der Lehrzeit war dann eine Konditorei in Stuttgart. Spaßeshalber schrieb die Schwarzwälderin jedoch eine Bewerbung ans *Hotel Adlon* in Berlin. Mit Erfolg, denn bald folgte die Einladung zum Vorstellungsgespräch. Damals dachte sich Ramona Bizenberger: »Okay, jetzt musst du richtig was reißen.« Schließlich sah sie sich 300 Mitbewerbern gegenüber. »Ich hab' dann die Schwarzwaldtracht mit Bollenhut angezogen, um schon beim Hereinlaufen einen ersten Eindruck zu machen.« Es folgte eine einstündige Probearbeit im Team. »Da hab' ich offen gesagt: ›Ja gut, aber den Bollenhut muss ich auflassen, der gehört zu mir.‹« Wenig später hatte sie die Stelle, allerdings mit ungeahnten Folgen: »Ich musste dann zu Weihnachten und zu jeder Feier in Berlin den Bollenhut aufsetzen.« Die Arbeit im Adlon selbst beschreibt Ramona Bizenberger als hart. So waren Tage mit 16 bis 18 Stunden keine Seltenheit: »Man hat oft auf der Pritsche vorm Spind geschlafen, weil man es nicht mehr heim und wieder zur Arbeit schaffte.« Andererseits fühlte sie sich durch das Adlon auch außerhalb der Arbeit stark unterstützt, und es war für sie klar, dass sie nach dieser Zeit später überall eine Stelle bekommen würde.

Nach einem Jahr in Berlin wollte die Konditorin 2005 nach Amerika, überlegte dann aber: »Sprichst du eigentlich gut genug Englisch, um dort arbeiten zu können?« Um ihr Schulenglisch zu verbessern, machte sie für ein Jahr Zwischenstation in England und zog von Berlin-Mitte in ein Niemandsland an der schottischen Grenze. »Da gab es nur unser Hotel und die Mitarbeiterzimmer – bis zum nächsten Haus mussten wir 35 Kilometer fahren. Ich bin sieben Tage mit dem Rucksack an der Grenze entlanggelaufen, ohne einen Menschen zu treffen.«

2006 wagte Ramona Bizenberger dann den Sprung über den Atlantik nach Charleston in South Carolina. Mit dreieinhalb Jahren hielt sie es in der pittoresken Hafenstadt bereits deutlich länger aus. Als Hürde stellten sich die Arbeitsbewilligungen heraus. »Ich habe für jeweils 18 Monate ein Studentenvisum bekommen. Der Betrieb musste unterschreiben, dass niemand anderes den Job machen könnte.« Als ihr Vorteil erwies sich die in Deutschland übliche betriebliche Lehre, während in den Staaten eine schulische Ausbildung ohne Praxis gängig ist. Ihr Arbeitgeber schickte sie daher alle drei Monate in ein anderes Hotel, um dort den Schulabgängern die handwerkliche Arbeit zu vermitteln. So natürlich auch bei der Herstellung der Schwarzwälder Kirschtorte.

2009 kehrte sie mit einem reichen Schatz an Rezepten und Kniffen in der Zubereitung zurück nach Feldberg-Bärental. Einzig an der Schwarzwälder Kirschtorte habe sie nichts geändert: »Die habe ich eher in die Welt hinausgetragen.« Die Frage nach ihrem absoluten Lieblingskuchen lässt sich übrigens nicht eindeutig beantworten. So freut sich Ramona Bizenberger über Kuchen und Torten, bei denen sie nicht weiß, wie diese hergestellt werden. Das prägt auch ihre Freizeit: »Während andere an ihren freien Tagen einkaufen, spaziere ich durch Freiburg und esse vielleicht fünfmal am Tag in verschiedenen Konditoreien Kuchen. Oder ich fahre auch mal mit dem Fahrrad nach Staufen. Und dann geh' ich heim, und mir ist drei Tage lang schlecht. Aber ich liebe einfach die gute Handarbeit und weiß dann, was es wo gibt.«

Ramona Bizenberger zaubert, wenn es um die Schwarzwälder Kirsch' geht. Neben einer großen Auswahl weiterer hausgemachter Torten ist das *Café Zum gscheiten Beck* für seine Edelbrände bekannt.

Schwarzwälder Kirschtorte

Der unangefochtene Klassiker aus dem Schwarzwald ist auch als »Black Forest Cake« weltweit bekannt. Für den Hausgebrauch haben wir das Rezept vereinfacht.

Zutaten
Für eine Springform (Ø 26 cm)

Für die Biskuitböden
6 Eier (M)
200 g Zucker
200 g Mehl
50 g Speisestärke
50 g Kakaopulver
2 TL Backpulver
Etwas Butter und Mehl für die Form

Für die Füllung
1 Glas Schattenmorellen (Abtropfgewicht 350 g)
2 EL Speisestärke
9 EL Kirschwasser
1 kg Sahne
5 Pck. Sahnesteif
1 EL Zucker

Für die Dekoration
100 g Schokoraspel

Zubereitung

Für den Biskuitboden die Eier mit Zucker und 6 EL Wasser in eine Schüssel geben und mit dem Handrührgerät rund 5 Minuten auf höchster Stufe schlagen, bis die Masse ihr Volumen in etwa verdoppelt hat.

Währenddessen das Mehl mit Speisestärke, Kakao- und Backpulver in einer Schüssel vermischen. Das Mehlgemisch anschließend mit einem Sieb nach und nach auf die Eiermasse sieben und vorsichtig unterheben. Den Ofen auf 180 °C Ober-/Unterhitze (Umluft 160 °C) vorheizen.

Die Springform einfetten und leicht bemehlen. Die Biskuitmasse hineingeben, glatt streichen und im vorgeheizten Ofen 20 Minuten backen. Danach den Biskuitboden auskühlen lassen.

Für die Füllung die Schattenmorellen über einem Sieb abgießen, dabei den Saft auffangen. Die Speisestärke mit 2 EL vom Kirschsaft anrühren. Den übrigen Saft aufkochen und die Stärkemischung einrühren. Bei weiterem Rühren kurz aufkochen.

16 Schattenmorellen beiseitelegen. Die restlichen Kirschen unter die Stärke-Kirschsaft-Masse heben.

Den Biskuitboden zweimal durchschneiden. Auf den unteren Boden 3 EL Kirschwasser träufeln. Die Kirschmasse auf dem Boden verteilen, glatt streichen und abkühlen lassen.

Die Sahne mit Sahnesteif und Zucker steif schlagen. Mit einem Löffel etwa 3 EL Sahne dünn auf die Kirschmasse streichen. Etwa 4 EL der Sahne in einen Spritzbeutel mit Sterntülle füllen und zur Seite legen.

Den zweiten Biskuitboden auflegen und leicht andrücken. Auch hier 3 EL Kirschwasser auf den Boden träufeln und etwa die Hälfte der übrigen Sahne darauf verstreichen.

Den letzten Biskuitboden auflegen, mit dem restlichen Kirschwasser tränken und mit der übrigen Sahne die Torte verkleiden.

Mit dem Spritzbeutel 16 Sahnetuffs auf die Torte geben. Zur Dekoration die 16 beiseitegelegten Kirschen obenauf setzen und mit der Raspelschokolade die Oberfläche samt dem Rand bestreuen. Bis zum Verzehr kalt stellen.

BLACKDEER

Dreisamtal, Freiburg, Emmendingen

Martin Wiese

Der Steinbildhauer verleiht Skulpturen Sinnlichkeit, Ruhe und Kraft

Die Steinbildhauerei ist nichts für sanfte Gemüter. Wenn der Werkstoff mit dem Knüpfel – einem hammerähnlichen Werkzeug aus Holz –, dem Schlageisen und dem Beitel bearbeitet wird, so geht das auf die Knochen. Zudem begleitet den Rhythmus der Arbeit eine entsprechende Geräuschkulisse. Umso ruhiger ist die Werkstatt von Martin Wiese gelegen. Wer den Bildhauer besucht, der tut dies ganz bewusst – oder hat sich beim Wandern verlaufen. »St. Wilhelm ist ja ein Sacktal, hier ist vom Tourismus her weniger los. Das Tal muss man entdecken und dann lieben lernen.« Letzteres fällt leicht, denn gerade von seinem Garten aus hat man einen herrlichen Blick durch das malerische Seitental der Dreisam hinüber zum Schauinsland. Wendet man sich zur anderen Seite, so erstreckt sich vor einem das in weiten Teilen autofreie Zastlertal bis hoch zum Feldberg.

Zugleich befinden wir uns bei Martin Wiese auf geschichtsträchtigem Grund. »Hier haben die Wilhelmiter Mönche ihr erstes Haus gebaut. Das ist der Platz, auf dem das Kloster stand.« Aus der Kirche des Mönchsordens ist über Umwege das Wohnhaus der Wieses entstanden. So habe er bei Renovierungen verschiedene Relikte aus der Klosterzeit freigelegt. Die zufällige Brücke zur Vergangenheit passt zum Bildhauer. Denn mit reichlich Elan und Begeisterung arbeitete er in jungen Jahren an der Rekonstruktion des Xantener Doms mit. Die Dombauhütte in Xanten war zugleich die erste Anstellung nach seiner Ausbildung zum Steinmetz im Münsterland.

Seine Arbeiten und Fähigkeiten bei der Rekonstruktion verwitterter oder zerstörter Teile sowie auch das Wissen um die mittelalterlichen Techniken der Steinbearbeitung eröffneten ihm auch die Möglichkeit zu reisen: 1986 bot ihm das Deutsche Archäologische Institut (DAI) an, bei der Wiederherstellung des Trajan-Tempels in der Türkei mitzuarbeiten. Für Martin Wiese ging es damit für drei Monate nach Pergamon, eine antike griechische Stadt nahe Izmir. Noch im selben Jahr wurde er von der amerikanischen Stiftung »Friends of Side« bei der bildhauerischen Rekonstruktion des Apollon-Tempels eingebunden. Eine weitere Reise nach Kleinasien folgte im Jahr 1991, weil

MARTIN WIESE
Maierhof • 79254 Oberried/St. Wilhelm • Tel. 07602/419 • skulpturen-wiese.de
Besuchstermine nach Vereinbarung

ihn das DAI mit der Leitung der Wiederherstellung des Zeus-Tempels in Priene ebenfalls in der Westtürkei beauftragte.

Als weitere Auslandsstation nennt der gebürtige Hagener Sri Lanka, wo er die Leitung der Rekonstruktion einer in der Geschichte des Inselstaats bedeutenden Bodhisattva-Statue innehatte: »Das war eine zwölf Meter hohe monolithische Skulptur, bei der viele Teile zerbrochen waren. Die habe ich mit angelernten Einheimischen wieder aufgebaut.« Insgesamt drei Jahre verbrachte er auf der Insel. Eine Zeit, die der Steinbildhauer nicht missen möchte: »Das ist für mich eine Lebenserfahrung gewesen.« Sein Auftraggeber war zwar das Department of Archaeology in Colombo, »ich war aber für die Arbeiten vor Ort verantwortlich«. Eine Herausforderung, die mit der Verständigung begann. Denn seine Mitarbeiter sprachen nur wenige Brocken Englisch. »Das war im Dschungel, ohne fließendes Wasser und ohne Strom. Das lief alles über Generatoren. Wasser musste aus dem nächsten See geholt und das Gerüst ständig stabilisiert werden.« Der zu jener Zeit Ende 20-Jährige schlief während der Arbeiten teilweise in der Werkzeugbaracke. Abends kam dann jemand im Schein von Kerzenlicht aus dem Nachbardorf und brachte ihm das Abendessen. Sich längere Auszeiten zu gönnen, kam nicht infrage. Denn die Baustelle zu verlassen, bedeutete Stillstand. »Wenn ich nicht da war, lief dort nichts. Die Arbeiter brauchten eine Zugkraft, und das war ich.«

In den Freiburger Raum kam Martin Wiese durch die Meisterschule in Freiburg. Auch wenn

Martin Wiese hat unbewusst zu seinem Stil – Figuren mit geschlossenen Augen – gefunden. Weil diese außerdem noch im Stein ruhen, wirken sie auf den Betrachter beruhigend. Selbst dann, wenn er ganz unterschiedliche Steine zueinander stellt.

er nach dem Abschluss wieder von dannen zog, war ein erstes Band mit dem Breisgau und dem Schwarzwald geknüpft. Wiese: »Ich habe mich gern an die schöne Zeit hier erinnert und war dann bald wieder da – auch in diesem Tal, ich wohnte damals in einer WG in einem alten Bauernhaus.« Schließlich entdeckten er und seine Familie den im ehemaligen Kloster untergebrachten Maierhof, einen 75 Jahre alten Gasthof im St. Wilhelmer Tal, für sich. Ein Glücksfall, denn im Jahr 2000 fand sich kein Gastronom mehr für das geschichtsträchtige Gebäude. »Wir wohnten zu dieser Zeit schon zehn Jahre in dem Tal; wir haben uns für den Hof beworben und auch den Zuschlag erhalten«, so Wiese. 2001 erfolgte dann die Eröffnung des Ateliers im Maierhof.

Bereits drei Jahre zuvor hatte Martin Wiese seinen Arbeitsschwerpunkt auf die freiberuflich künstlerische Tätigkeit verlegt. Auf die Materialwahl hatten seine Reisen dabei keinen Einfluss: »Das sind hauptsächlich Steine aus Deutschland.« Und aus Österreich. Als Beispiel nennt Wiese einen roten Stein: »Das ist Knollenkalk aus der Salzburger Gegend.« Ein Gelegenheitsfund, den er nach einer Auslieferung einer Skulptur ins Salzburger Land entdeckte. »Wenn der Anhänger leer ist, guck ich immer, wo ich etwas kenne und Material herbringen kann.« Hier versteht es der Bildhauer auch,

Martin Wieses Tipp

Ein besonderes Highlight in Oberried ist der traditionelle Viehabtrieb von der Erlenbacher Weide ins Dorf. Verbunden mit einem großen Fest, findet er immer am Ende der Alemannischen Woche Anfang Oktober statt.

ganz unterschiedliche Steine in einem Werk zu vereinen. So sehen wir beim Rundgang eine Basaltsäule aus Hessen mit einem Kopf aus Schwarzwälder Gneis. »Ich arbeite mit den hiesigen Materialien und bestelle nichts in Indien. Ich fahre in die Steinbrüche, weil ich das sehen und mir die Steine aussuchen muss.«

Eines seiner künstlerischen Hauptthemen sind Fragmente mit drehbaren Köpfen. »Ich setze das aus mehreren Fragmenten zusammen«, erklärt Wiese und nennt als Ursprungsidee: »Ich gehe in den Steinbruch wie ein Archäologe, der in der Türkei in seine Grabungsstätte geht, hier einen Arm in der Erde findet, dort ein Bein, einen halben Korpus oder Kopf freilegt und guckt, zu welcher Skulptur das gehört und wie das zusammenpasst. So gehe ich hier in Deutschland in den Steinbruch und halte Ausschau nach vermeintlichen Skulpturen.« Im Einzelnen sind dies sich im Stein abzeichnende Formen, die vielleicht einer Schulter oder einem Brustansatz ähneln. Andere seiner Werke entstehen aus zwei oder mehreren Steinen, die in ihrer Gestalt so wirken, als entstammten sie ursprünglich einem Stein. Die fehlenden Teile ersetzt Wiese mit Metallstäben, sodass das Original erhalten bleibt.

Sein zweites Thema: Monolithen – diese können bei der Anlieferung gut und gern mal vier Tonnen wiegen. Das reicht, um aus nur einem Stein mehrere Figuren herauszukeilen oder einen Block in zwei Teile zu keilen, um diese wieder zueinander zu setzen. Die derart geschaffenen Werke wirken tatsächlich, als wären diese vor Jahren zerbrochen und durch ihn wieder zusammengesetzt worden. »Den archäologischen Aspekt, das Zusammengesetzte der Figuren, habe ich sicher aus der Türkei mitgebracht«, so Wiese. Der Einfluss Sri Lankas wird schließlich bei den Gesichtern seiner Skulpturen erkennbar. So fällt auf, dass diese durchweg geschlossene Augen haben. Warum dies so sei, wisse er selbst nicht, aber: »Ich habe das in Asien häufig gesehen. Die Buddhas, die teilweise auch gar nicht ganz aus dem Stein herausgearbeitet sind, haben ihre Augen meditativ geschlossen. Das empfand ich als angenehm; und habe das bei meinen Skulpturen auch so gemacht und nie darüber nachgedacht, dass diese vielleicht geöffnete Augen haben sollten.« Inzwischen entscheidet sich Martin Wiese bewusst für Gesichter mit geschlossenen Augen: »Meine Skulpturen sollen noch in ihrem Stein ruhen und friedliche Botschaften aussenden. Sie sollen Ruhe und Gelassenheit ausstrahlen.«

Viele Figuren von Martin Wiese sind drehbar, sodass sie ihr Antlitz auch zum nahen Schauinsland wenden könnten.

Claudia Kistenfeger

Die Holzbildhauerin führt Laien spielerisch an die Holzbildkunst heran

Der Ort Zarten ist stark landwirtschaftlich geprägt, und um den historischen Dorfkern gruppieren sich mehrere große Höfe. Drumherum erstrecken sich die Felder und saftig grünen Wiesen durch das Dreisamtal bis vor die Tore Freiburgs. Inmitten dieser malerischen Kulisse befindet sich das Atelier von Claudia Kistenfeger. Angesichts der gewaltigen Gebäude in der Nachbarschaft wirkt ihre Arbeitsstätte, als hätte man sie aus einem Märchenbuch herausgenommen und hier behutsam hineingesetzt. Im Raum eines ehemaligen Backhauses vom Urberhof findet die Künstlerin die Ruhe, um Holz in Kunstwerke zu verwandeln.

Bevor Claudia Kistenfeger zu Hohlbeitel und Schnitzmesser griff, hatte sie zunächst in Freising ein Studium der Landschaftsarchitektur begonnen. Bald aber stellte sie fest: »Dieses reine Arbeiten am PC liegt mir nicht. Ich will eher was mit den Händen machen.« Bereits an der Hochschule konnte sie als fakultatives Fach einen kunsthandwerklichen Kurs belegen. Beim Figuren-Modellieren hatte die damals junge Studentin ein Schlüsselerlebnis: »Ich konnte wie aus dem Stegreif eine Kuh mit Kalb modellieren. Da ging mir derart das Herz auf. Für mich war das eine Vorsehung, weil mich das berührt hat und ich mich wohlgefühlt habe.« Nun stellte sich die Frage, wie es mit ihrem Studium weitergehen sollte: »Ich hatte eh schon Zweifel«, räumt sie heute ein, »aber damit war klar: Ich wollte etwas Handwerkliches lernen.«

Es folgte eine dreijährige Schreinerlehre in einem Betrieb bei Bietigheim. Kistenfeger: »Das war für mich ein Weltenwechsel von dem Studentischen hin zum Anpacken.« Noch vor dem Abschluss war klar, dass sie ihr Lehrbetrieb nicht übernehmen würde. Stattdessen konnte sie sich über ein Stipendium für Südtirol freuen: Ein halbes Jahr verbrachte sie dort in einer anthroposophischen Schreinerei in Ritten. Im Anschluss daran blieb sie in Norditalien, wo sie in Sankt Ulrich im Grödnertal eine dreijährige Ausbildung zur Holzbildhauerin dranhängte. Eine gute Gegend, um das Handwerk zu erlernen, denn bis heute ist das Grödnertal bekannt für seine hohe Dichte an bildhauerischen Betrieben.

CLAUDIA KISTENFEGER
Attentalstraße 1 • 79199 Zarten • Tel. 0162/796 06 78 • kistenfegerin.de
Öffnungszeiten und Besuchstermine nach Vereinbarung

HolzBILDHA
Kunst & Ku

In ihrer eigenen Werkstatt profitiert Claudia Kistenfeger heute von beiden Ausbildungen. So hat sie während der Schreinerlehre den Umgang mit den Maschinen gelernt, wie z. B. bei einer Kettensäge die Kette zu wechseln oder eine Hobelmaschine auseinanderzunehmen. Auch den Holzboden und die Inneneinrichtung im Backhaus in Zarten hat sie selbst verlegt bzw. erstellt. »Das ist Knowhow, das man überall gut gebrauchen kann. Aber das Gestalterische kommt aus mir. Das Freiberufliche braucht starke Nerven, aber es bedeutet für mich auch eine hohe Vielfalt und viel Geist, viel Esprit.« Zugleich bedeutete für sie das Künstlerische, sich ein dickes Fell gegenüber den ständig gleichen Fragen zuzulegen: »Es gibt so viele Niedriglohnjobs, in denen das kein Thema ist. Aber immer dann, wenn ein Beruf ins Kreative geht – das ist bei Schriftstellern ja genauso –, wird man ständig gefragt, ob man davon leben kann.« Natürlich gebe es in der Bildhauerei und insbesondere im Grödnertal Betriebe, bei denen richtig rangeklotzt werde. Ihren Weg beschreibt Kistenfeger hingegen als sehr individuell: »Die Frage ist doch, getraue ich mich, mich künstlerisch zu verwirklichen, und habe ich den Willen dazu? Und wenn ja, dann muss man das machen.«

Neben den eigenen Ideen setzt die Bildhauerin auch Auftragsarbeiten um. Der Kontakt zu Kunden entsteht u. a. über die Kunsthandwerksmärkte in der Umgebung. Diese nutzt sie zudem, um ihre Bildhauerei-Kurse zu bewerben. Anders als etwa bei den Angeboten der Volkshochschulen finden diese mit meist

Claudia Kistenfeger lässt sich vom Werkstoff Holz inspirieren.
Als Ergebnis erhält sie dabei Figuren, die oft verspielt, aber auch mal nachdenklich oder sinnlich wirken.

nur zwei Teilnehmern statt. Diese dürfen gern ihre eigenen Ideen mitbringen. In einem Vorgespräch wird dann geklärt, was innerhalb des Kurses möglich ist. So rät sie davon ab, als Erstes einen Storch zu schnitzen. »Ich schaue zuerst, wie weit der Kursteilnehmer ein Formgefühl hat – oder ein 3D-Denken – und was er begreift. Ich sehe dann ja, wie das Holz angeschlagen wird, nehme die Leute an die Hand und führe sie an die Technik heran«, erklärt die Künstlerin und nennt als Ziel: »Wenn der Teilnehmer hier rausgeht, hat er eine repräsentative Arbeit in der Hand, selbst wenn er als totaler Anfänger herkam.« Das Alter spielt bei diesen sehr intensiven Kursen eine nur untergeordnete Rolle. So war ihr jüngster Teilnehmer acht Jahre alt, ihre bislang älteste Teilnehmerin schon jenseits der 70. Anderen etwas beizubringen, zu kommunizieren und die Kunst zu vermitteln, das zählt zu den Stärken Claudia Kistenfegers. Zudem bildet es einen Gegenpol zur sonst ruhigen und konzentrierten Arbeit im Backhäusle. »Wenn ich einen Kurs habe – oder auch mal zwei direkt hintereinander –, dann bin ich extrem viel am Reden.«

In den Freiburger Raum kam die Bildhauerin übrigens durch einen privaten Umbruch. Nach ihren beiden Ausbildungen arbeitete Claudia Kistenfeger fünf Jahre lang als Spiele-

C. Kistenfegers Tipp

Die Rainhof-Scheune ist eine liebevoll restaurierte Marktscheune mit tollem Ambiente in Kirchzarten-Burg. Hier gibt es ein Restaurant-Hotel, Schwarzwald-Design und eine Buchhandlung. Mit 2000 m² ist die alte Scheune eine der größten ihrer Art im südbadischen Raum.

rin und Bildhauerin bei Gerhards Marionettentheater in Schwäbisch Hall. Der Schwerpunkt ihrer Arbeit lag dabei in der Organisation der Auftritte sowie im Bespielen der Puppen auf der Bühne. Nur rund ein Viertel ihrer Arbeitszeit entfiel – etwa im Vorfeld von Premieren – auf die Gestaltung neuer Köpfe und Figuren. Auf Dauer war ihr dies aber zu wenig, und so zog sie 2017 von ihrer alten Heimat nach Freiburg, auch weil hier bereits zwei gute Freundinnen wohnten. Bei der Suche nach einer geeigneten Werkstätte fiel ihr ein Inserat für das ehemalige Backhaus im Dreisamtal auf. Für sie ein wahrer Glücksgriff: Das Gebäude war damals frisch aufgemauert worden, hatte aber keinen großen Nutzen für den Inhaber. So ist das Gebäude zwar nur wenige Quadratmeter Grundfläche groß, doch für Kistenfegers Atelier reicht der Platz – und obendrein ist ein gegenseitiger Nutzen entstanden: »Mein Vermieter ist selbst im Forst tätig und bringt mir teilweise auch Holz, das er am Waldrand sieht oder wenn er eine Kirsche oder Lindenstämme hat. Das hatte ich vorher gar nicht bedacht.«

Zu ihren Lieblingshölzern zählt außerdem, bedingt durch ihre Ausbildung im Alpenraum, die Zirbelkiefer: »Wir haben in Südtirol wahnsinnig viel in Zirbel geschnitzt. Das ist dort das typische Alpenschnitzholz, wie es für Deutschland die Linde ist. Es sind beides Weichhölzer und sehr cremig: dicht und feinfaserig. Das schneidet sich dann wie Butter.« Bei ihren Außenskulpturen verwendet Claudia Kistenfeger aber auch Eiche und Birke – hier müssen die Skulpturen vor allem witterungsbeständig

sein, sodass die den Betrachter lange Zeit erfreuen.

Zu sehen sind ihre Kunstwerke auf dem Oberrieder Kunsthandwerkermarkt und auf dem Bauernmarkt der Gemeinde. Auch in Gasthäusern im Dreisamtal bilden mehrere ihrer Werke einen Blickfang. »Mein Anspruch ist, dass meine Arbeiten eine Seele haben. Bildhauen ist für mich sehr lebensnah. Oder wie Michelangelo gesagt hat: ›Es ist, wie wenn man aus einer Badewanne das Wasser ablässt, und da ist dann etwas drin.‹ Die Skulptur ist in diesem Block – man muss alles wegnehmen, um daran zu kommen.«

Während ein roter Drache vor dem Backhäusle wacht,
hält sich ein Bison im Innern der Werkstatt verborgen.

Homemade Sweets Company

Anja Spittel ist eine Meisterin der Cupcakes

Die Schiffstraße zählt zu den belebtesten Gassen in der Fußgängerzone von Freiburg. Allein im Gebäude der Schwarzwald City teilen sich 30 Läden – von Mode und Schmuck, Technik und Kommunikation bis hin zu Optikern und Friseuren – ein Dach. Auf der anderen Seite der Schiffstraße fallen das Landkartenhaus und der Plattenladen ins Auge. Nur einen Katzensprung weiter streichelt die *Homemade Sweets Company* die Geschmacksnerven ihrer Kunden.

Bekannt ist die Konditorei und Eisdiele für ihre Cupcakes. Diese kommen mal fruchtig mit Himbeeren oder einem Zitronenschnitz als Dekoration daher, mal schokoladig mit bunten oder dunklen Streuseln. Auch so mancher Oreo-Keks findet sich oben auf einem Cupcake wieder. Daneben locken saftige Brownies und Cookies sowie die Eistheke mit bis zu elf Sorten Eis im Angebot. Mit den Jahreszeiten wechselt die Auswahl: Während im Sommer fruchtiges Eis dominiert, läuten im Spätherbst Zimt- und Spekulatiuseis die Adventszeit ein. Dem breiten Sortiment stehen eher beengte Räumlichkeiten entgegen. So laden im Café nur eine Handvoll Tische zum Verweilen ein. Umso erstaunlicher ist, dass die Inhaberin Anja Spittel alle Produkte im hinteren Teil des Geschäfts mit ihrem Team täglich frisch herstellt. Eine Meisterleistung, denn wenig Platz für die handwerkliche Arbeit bedeutet auch: wenig Möglichkeiten für die Lagerung oder Kühlung von Rohstoffen und der fertigen Produkte.

Bereits in jungen Jahren hat Anja Spittel den Weg in die Backstuben Freiburgs gefunden. Mit 16 begann ihre Ausbildung zur Konditorin in einem Familienunternehmen in Hochdorf, einem nördlichen Stadtteil von Freiburg. Nach dem Abschluss wechselte sie in die Innenstadt, wo sie fünf Jahre lang für die *Konditorei Gmeiner* arbeitete. Für die frisch gebackene Konditorin eine wertvolle Zeit, in der sie neben der Arbeit in der Filiale auch bei der Produktion am Stammsitz der Firma in

HOMEMADE SWEETS COMPANY
Schiffstraße 14 • 79098 Freiburg • Tel. 0761/76602345 • homemade-sweets.de
Öffnungszeiten: Mo–Fr 9.30–18.30 Uhr, Sa 10–18.30 Uhr, So Ruhetag

1,60€
Hafermilch
0,40€
1,80€
Mini-Tartelette
3,20€
Eclair
3,90€
Vegan Banana Bread
3,80€
Vegan Cheesecake
3,10€
3,30€
2,80€
Eis zum Mitnehmen
Waffel
oder
Becher?
3,20€
4,80€

Anja Spittels Tipps

Die Genussmesse *Plaza Culinaria* im November: Wer Wert auf Qualität, handwerklich hergestellte Produkte und Genuss legt, ist hier genau richtig – mit der großen Vielzahl an Ausstellern und dem breiten Angebot wird den Besuchern sehr viel geboten.

Appenweier und auf Messen mit anpacken konnte. 2015 folgte der Wechsel zur *Homemade Sweets Company*, zunächst erneut als Angestellte, aber mit dem nötigen Können und Ehrgeiz, um bald auch hier Verantwortung zu übernehmen. »Die damalige Küchenchefin hatte bereits entschieden, sich mit ihrem Mann selbstständig zu machen. Dadurch habe ich quasi ihre Rolle übernommen und angefangen, ihre Rezepte durch meine eigenen zu ersetzen«, so Anja Spittel.

Neben dem Vollzeitjob absolvierte Spittel die Meisterschule im Abendkurs. 2018 hatte sie den Meisterbrief in der Tasche und konnte mit 27 das Geschäft in der Schiffstraße übernehmen. »Es war schon im zweiten Schuljahr klar, dass ich den Betrieb hier übernehmen kann.« Ein Glücksfall, wie sie offen zugibt, denn mit dem Namen durfte sie auch die Marke und das Logo der Konditorei nutzen. »So eine Gelegenheit bekommt man nicht oft geboten. Und es war schon immer mein Traum, etwas Eigenes zu machen.« Hierzu zählt auch, den vorhandenen Raum so zu gestalten oder zu belassen, dass sowohl sie als auch die Stammgäste von früher sich im Café wohlfühlen. Das sieht man schon bei den Sitzmöglichkeiten, wo kein Stuhl oder Sessel dem anderen gleicht und doch jeder – auf Märkten oder im Antiquitätenladen erworben – sorgfältig ausgewählt wurde. Das schafft für die Präsentation der süßen Teilchen in modernen Glastheken einen charmanten Kontrast. Vor allem aber findet jeder Gast einen zu ihm passenden Platz.

Durch die Lage in der Fußgängerzone lebt die Konditorei von der Laufkundschaft. Anja Spittel: »Wir sind ein kleines Geschäft mit nur wenig Sitzflächen. Aber es soll trotzdem ein Wohlfühlort sein, wo die Leute gern verweilen, in Ruhe einen Kaffee trinken oder in der Mittagspause auch mal runterfahren können.« Als Besonderheit hat das Café ein Büchle, in das Gäste aus aller Welt Grüße schreiben und Erinnerungen teilen. »Da steht auch eine Liebesgeschichte drin von einem Pärchen, das hier sein erstes Treffen hatte und mir nach einem Jahr mitteilte, dass das Date Erfolg gehabt hatte.« Das trifft sich gut, denn in der Backstube zaubert die Konditorin zusammen mit ihrer Schwester Lena auch Hochzeitstorten nach den Wünschen ihrer Kunden.

Diese Aufträge sind es, für die Anja Spittel lebt und die ihr die Arbeit als Konditorin noch zusätzlich versüßen: »Die Entwicklung zu sehen, vom ersten Kontakt und sich Kennenlernen über die Beratungsgespräche bis zur Fertigstellung der Torte und der Auslieferung – wenn man dann das Funkeln in den Augen der Kunden sieht, ja, das ist einfach schön.« Süße Kreationen für Taufen, Geburtstage, Jubiläen und Firmenfeiern komplettieren das Angebot. Sie selbst isst übrigens auch gern Cupcakes und Brownies, ist aber auch für klassische Kuchen wie Marmor- und Käsekuchen oder ein Stück Schwarzwälder Kirschtorte zu begeistern. Nur ansehen tut man es der Freiburgerin nicht. Bemerkungen dazu, wie dünn sie für eine Konditorin doch sei, hört sie ständig. Aber wenn ein Kunde sich gerade deshalb dafür entscheidet, hier seine Geburtstagstorte herstellen zu lassen, dann kann sie gut mit ihrer schlanken Linie leben.

Anja Spittel ist Freiburgs Meisterin der Cupcakes. Neben dem breiten Sortiment dieser kleinen Kuchen begeistert sie ihre Gäste mit ihrem American Cheesecake und liebevoll dekorierten Hochzeitstorten.

Raspberry Cupcakes

Eine herrliche Leckerei für zwischendurch

Zutaten
Für 14–16 Cupcakes

Für den Teig
150 g weiche Butter
120 g Zucker
130 ml warme Milch (oder Sahne)
200 g Mehl
30 g Speisestärke
1½ TL Backpulver
1 Prise Salz
½ Vanilleschote
2 Eier (L)
120 g gefrorene Himbeeren
30 g gehackte Kuvertüre je nach Geschmack Zartbitter oder Vollmilch
14–16 Muffin-Papierförmchen

Für das Frischkäse-Frosting
300 g weiche Butter
300 g Puderzucker
25 g geschlagene Sahne
200 g kalter Frischkäse (Doppelrahmstufe)

Für die Dekoration
Nach Belieben Himbeeren, Minze, Zuckerperlen oder Schokoladenstreusel

Zubereitung

Den Backofen auf 175 °C Ober-/Unterhitze vorheizen. Ein Muffinblech mit den Muffin-Papierförmchen auslegen.

Die weiche Butter und den Zucker in der Küchenmaschine schaumig schlagen. Die Milch erwärmen.

Die trockenen Zutaten wie Mehl, Speisestärke, Backpulver und Salz sieben und in eine separate Schüssel geben.

Das Mark der Vanilleschote und die Eier nach und nach zur Butter-Zucker-Masse hinzugeben und gut untermischen. Im Anschluss die warme Milch im Wechsel mit den trockenen Zutaten dazugeben, bis alles gut vermengt ist.

Die gefrorenen Himbeeren mit einem Löffel leicht zerdrücken und zusammen mit der gehackten Kuvertüre von Hand unterheben. Anschließend den Teig in die Muffinförmchen einfüllen – das gelingt leicht mit einem Eisportionierer.

Die Muffins für etwa 18–20 Minuten backen, dann gut abkühlen lassen.

Für das Frischkäse-Frosting die Butter in der Küchenmaschine mit einer Palette etwa 5–8 Minuten weiß aufschlagen.

Den Puderzucker sieben und nach und nach zur Butter hinzugeben und nochmals kurz aufschlagen.

Die geschlagene Sahne hinzugeben und erneut aufschlagen.

Zum Schluss den Frischkäse bei langsamer Stufe hinzugeben und nur so lange rühren, bis dieser in der Buttermasse vermengt ist.

Achtung: Unbedingt die Reihenfolge der Zutaten einhalten, um ein perfektes Ergebnis zu erlangen – wird z. B. die Mischung zu lange gerührt, beginnt der Frischkäse die Masse zu verflüssigen!

Die Masse in einen Spritzbeutel füllen und bei Bedarf kalt stellen oder direkt auf die vorbereiteten abgekühlten Muffins dressieren.

Zur Dekoration können frische Himbeeren, Minze, Zuckerperlen oder Schokoladenstreusel verwendet werden – hier sind der Kreativität keine Grenzen gesetzt.

Hinweis: Das Grundrezept kann nach Belieben abgewandelt werden.

Café Liebes Bisschen

Bei Katrin Geisthövel is(s)t kein Tag wie der andere

Feine Kaffeespezialitäten, täglich frisch gebackene Kuchen und ein Frühstück, das praktisch keine Wünsche offenlässt – im Freiburger Stadtteil Brühl hat Katrin Geisthövel einen Platz für Genießer geschaffen. Dabei ist der Name des Cafés Programm, denn die Portionen im *Liebes Bisschen* sind weniger üppig als in so manch anderem Lokal in der Altstadt. Die Inhaberin setzt damit bewusst ein Zeichen gegen den XXL-Trend. Als Auslöser nennt sie ihre eigenen Erfahrungen als Gast: »Wenn ich mir ein Schnitzel bestellte und dann zwei bekam, konnte ich die gar nicht essen. Mir ist mit dem Namen *Liebes Bisschen* wichtig, dass man wieder dankbarer ist für das Essen, das man auf dem Tisch hat, und dass man es mehr wertschätzt.« Sie schmunzelt leicht: »Und ich wollte ein Herz im Namen.«

Ebenfalls großen Einfluss auf das Konzept hat ihr bisheriger Werdegang. Nach ihrem Studium in Touristik und Eventmanagement war Katrin Geisthövel viel im Ausland unterwegs und lernte durch etliche Praktika die länderspezifischen Küchen kennen. Mit der Zeit entstand ein wahrer Schatz an Rezepten und Ideen, über die sich heute auch insbesondere ihre Stammgäste freuen. Denn: »Ich möchte meinen Gästen jeden Tag ein anderes Essen bieten.« Ihre Küche beschreibt sie als international-badisch. Ein Vergleich verschiedener Wochenkärtle zeigt, dass es bei den Tagesgerichten tatsächlich keine Wiederholungen gibt. Da stellt sich die Frage, wie lange man so etwas durchhält. Katrin Geisthövel: »Das wechselt seit sieben Jahren. Also wir haben seit sieben Jahren jeden Tag ein anderes Gericht auf der Karte. Das geht von badisch und französisch über afrikanisch und asiatisch und über die ganze Welt.« In den ersten sieben Jahren des Betriebs landeten damit über 2000 unterschiedliche Gerichte auf den für Montag bis Freitag gültigen Wochenkarten!

Dieses Tabu für Wiederholungen motiviert zugleich das Team vom *Liebes Bisschen*: So ist hier jeder Kontinent mit wenigstens einem Mitarbeiter im Café vertreten. »Die freuen sich sehr, wenn sie ihre Wünsche aussprechen und damit kreativ sein dürfen.« Weitere Impulse geben die Gäste, die ebenfalls Vorschläge machen können. »Wir nehmen das dann auf die

CAFÉ LIEBES BISSCHEN

Komturstraße 33 • 79106 Freiburg • Tel. 0761/61 25 50 64 • liebes-bisschen.net
Öffnungszeiten: Mo–Sa 9–17 Uhr, So 10–16 Uhr, an Feiertagen geschlossen

Karte und kochen es.« Im Gespräch versuchen wir sie aus der Reserve zu locken und nennen mit Mockturtle, Labskaus und Klütschensuppe drei typisch norddeutsche Gerichte – ob ihr die etwas sagen? Sie lacht: »Ja, natürlich. Das darf hier auch mal wild gemischt sein.« Ihr Herz schlägt aber eher für die italienische Küche. Das Land, wo die Zitronen blühen, war ihre erste Station nach dem Abitur. »Da kam natürlich die Liebe zum Espresso, zu Kaffee und Cappuccino.«

Auf ihren Reisen begleitete sie jedoch immer der Wunsch, sich einmal selbstständig zu machen. Überall habe sie sich die Dinge notiert, die ihr aufgefallen seien. Dazu gehörte auch ein Essenstagebuch und das Notieren von Erlebnissen, die sie als Gast in den unterschiedlichen Küchen machen durfte. Schließlich ging es zurück nach Freiburg, wo sie einige Jahre im Eventmanagement einer internationalen Kaffeekette tätig war. Nebenbei schrieb sie den Businessplan für ihren eigenen Laden und machte sich auf die Suche nach einem optimalen Standort. »Ich habe mir etwa 50 Läden angeschaut, wie die Räumlichkeiten beschaffen sind.« Wichtiges Kriterium war hier die energetische Bilanz des Gebäudes. »Ich wollte einen Raum, den ich möglichst gar nicht heizen muss, der eine Südterrasse hat und einfach hell ist.« Ihre Suche startete zunächst in der Innenstadt von Freiburg.

Bald stand jedoch fest, dass sich ihr Konzept nicht im Zentrum verwirklichen lassen würde, denn die hohen Ladenmieten standen dort ihrem Vorsatz entgegen, dass sich jeder

Katrin Geisthövel hat mit kleineren und zugleich abwechslungsreichen Tagesgerichten den Zeitgeist getroffen. Dabei profitiert sie auch von der vergleichsweise guten Wärmedämmung ihres Cafés und der Lage in einem belebten Außenbezirk Freiburgs.

Gast qualitativ hochwertiges Essen leisten können solle. Sie arbeitete sich dann in die äußeren Stadtbezirke vor, bis im Jahr 2015 endlich der Standort im Norden Freiburgs gefunden war. Tatsächlich ist die Heizung hier nur selten in Betrieb. Im Inneren des Cafés herrschen dennoch angenehme Temperaturen. Ein Teil der Wärme entsteht dabei über Nacht: »Die Kühlschränke sind ja an. Durch die Dämmung und die Dreifachverglasung heizt sich der Raum auf. Und dann haben wir ja einige Geräte, die auch über Nacht angeschaltet sein müssen.« Alles zusammen reiche selbst mitten im Winter für 20–22 °C Raumtemperatur.

Inzwischen ist auch klar, dass das Konzept der kleineren Portionen aufgeht. Was jedoch beileibe nicht heißt, dass man hier Hunger leiden müsste. So stellt die Freiburgerin klar: »Die Portionen sind so, dass man satt wird. Aber nicht so, dass man nach dem Essen nicht mehr arbeiten kann und voll ist.« Als Beispiel beinhalte ein Fleischgericht im Schnitt 150–200 Gramm Fleisch pro Portion. Zu Beginn hätten besonders Männer gemeint, sie würden davon nicht satt. »Ich hab' dann gesagt, ich möchte nichts wegwerfen. Erst recht möchte ich kein Fleisch wegwerfen.« Als Lösung hat Katrin Geisthövel den Spieß einfach umgedreht: So darf jeder gern einen Nachschlag für umsonst bestellen. Dies passiere aber nur in seltenen Fällen: »Mittlerweile sagen alle Gäste: ›Wir sind so dankbar über die Portionen, wir können danach noch arbeiten, wir sind fit, wir sind satt und fühlen uns wohl.‹«

Katrin Steinhövels Tipp

In unserer Nähe befindet sich das Ristorante da Giorgio. Das kleine Restaurant ist typisch italienisch und hat einen sehr schönen Außenbereich.

Mocchino-Heißgetränk

Der Name ist eine Eigenkreation von Katrin Geisthövel und eine Mischung aus Italienisch und Badisch.

Zutaten

Für eine Tasse (300 ml)

1 Espresso

220 ml Milch

1 EL Schokopulver (Kakao)

Für die Dekoration

Frisch geschlagene Sahne nach Belieben

Schokopulver zum Bestreuen

Zubereitung

Den Espresso aus dem Siebträger in die Tasse geben.

Die Milch mit 1 EL feinstem Schokopulver nach Wahl aufschäumen.

Anschließend die Schoki-Milch zum Espresso in die Tasse gießen.

Frisch geschlagene Sahne auf das Getränk geben und mit Schokopulver bestreuen.

Franz Geisthövel

Der Maler und Installationskünstler hat den *Boléro* im Blut

Wohl jeder, der sich auch nur im Entferntesten für Orchesterstücke interessiert, kennt den Rhythmus und die Melodie von Maurice Ravels *Boléro*. Das zunächst als Ballett gedachte Meisterwerk wurde am 22. November 1928 uraufgeführt. Der französische Komponist nannte seinen *Boléro* ein »reines Orchesterstück ohne Musik« – so war er Zeit seines Lebens erstaunt über die Begeisterung, die sein progressives Crescendo bei den Zuhörern auslöste. Dass die Faszination auch noch fast 100 Jahre später ungebrochen ist, zeigt Franz Geisthövel: Der Maler und Installationskünstler schuf mit akribischer Kleinarbeit, mit Herzblut und Leidenschaft ein Halbrelief, das Ravels *Boléro* in Tonfolge und Rhythmus greifbar macht.

Franz Geisthövel hat sein Atelier im Zentrum für Kunst, Handwerk und Kultur im HausGrün in Emmendingen. Neben Schreinern – zuvorderst Gründer Michael Hall – und Bildhauern finden hier Musiker, Gitarrenbauer und Übersetzer, aber auch Therapeuten, Masseure und Heilarbeiter ein für sie ideales Umfeld. Die Werkstatt des Malers befindet sich im oberen Stockwerk eines lichtdurchfluteten Baus, wo die Aussicht weit über die Felder bis hinüber zu Kandel und Feldbergmassiv reicht. An den Wänden des Rundtreppen-Aufgangs passieren wir erste Bilder des Malers. Und auf dem Weg nach oben schweben uns sanfte Klänge entgegen. Dann betreten wir sein »kleines Reich«, wie er es nennt – und uns eröffnet sich eine Welt der Malerei und Kunst, der Musik und ja: der Bauklötze. Mit seiner Installation setzt der Künstler dem Ausnahmekomponisten Ravel ein Denkmal. Doch dazu später mehr.

Bevor sich Franz Geisthövel künstlerisch verwirklichte, durchschritt er eine jahrzehntelange medizinische Laufbahn. Nach dem Studium und Staatsexamen in Humanmedizin war er in der Geburtshilfe und Gynäkologie des Universitätsklinikums Freiburg tätig. In den Jahren 1987 und 1988 erhielt er ein wissenschaftliches Stipendium an der University of California, Irvine. Nach der Rückkehr in den Breisgau war er Mitbegründer und Leiter des CERF (Zentrum für Gynäkologische Endokrinologie und Reproduktionsmedizin Freiburg). Es folgte – ebenfalls in Freiburg – eine außerplan-

FRANZ GEISTHÖVEL
Im Hausgrün 27 • 79312 Emmendingen • bisschen-kunst.com
Besuchstermine nach Vereinbarung

mäßige Professur an der Albert-Ludwigs-Universität. Bis zu seinem Ruhestand im Jahr 2015 hat der Mediziner mehr als 100 wissenschaftliche Arbeiten veröffentlicht.

Während sich andere schwertun, die plötzlich gewonnene Freizeit, des Rentnerlebens zu nutzen, drückte Franz Geisthövel nochmals die Schulbank und studierte Bildende Kunst an der Hochschule für Kunst, Design und Musik sowie an der privaten Hochschule Macromedia. Während dieser Zeit erstellte er Drucke und Bilder aus Kreide. Ideen für seine Motive schöpft der gebürtige Hildesheimer aus seiner Umgebung: Als Beispiel nennt er ein Schatten- und Lichtspiel durch eine Jalousie im Café seiner Tochter (ab S. 112). Ebenfalls dort sind einige von ihm in leuchtenden Farben bemalte Platten zu sehen. Sie zählen zu den Steckenpferden des Künstlers und lassen sich in ihrer Wirkung an den Lauf der Jahreszeiten anpassen.

Den größten Teil seiner Arbeit im Atelier hat Geisthövel jedoch Ravels *Boléro* gewidmet. Hier fallen auf den ersten Blick unterschiedlich hohe Holzklötze und fein säuberlich über eine Platte gespannte Fäden auf. Darüber scheinen einzelne Notensymbole zu schweben. »Das ist mein großes Projekt, bei dem ich den *Boléro* von Ravel praktisch in eine bildende Struktur umwandle. Wenn wir das Stück jetzt laufen lassen, können wir die zwei Melodien daran genau verfolgen.« Tatsächlich sind die Holzklötze und Noten so angeordnet, dass sie die ansteigende Spannung der sich stets wiederholenden Taktfolge und die beiden Melodien in all ihren 18 Variationen wiedergeben. Hierbei

Franz Geisthövel hat an seine medizinische Karriere eine zweite Laufbahn als Künstler angehängt. Seine Werke leben von ihren intensiven und leuchtenden Farben. Mit ruhiger Hand und viel Herzblut setzt er dem Komponisten Ravel ein Denkmal.

schreitet der Künstler die einzelnen Bausteine ab und lässt mit geübten Fingern das unverkennbare »Tam-tatatatam-tatatatam-tam-tam-tam …« des *Boléro* quasi erklingen. »Das gibt dem Stück eine eigene Struktur.«

Für den Mediziner stellt die Transformation des *Boléro* ins Bildliche eine Hommage an Ravel und sein revolutionäres Musikstück, zugleich aber auch an die damalige Auftraggeberin, die Tänzerin, Schauspielerin und Choreografin Ida Rubinstein, dar. »Sie hat die Uraufführung auf einem Bistrotisch getanzt, während um sie herum spanische Männer standen. Das war die Inszenierung eines spanischen Cafés«, berichtet Geisthövel und erklärt: »Ohne Ida Rubinstein gäbe es den *Boléro* so gar nicht.« Um diese Leichtigkeit im Tänzerischen der in Charkow in der heutigen Ukraine geborenen Jüdin sichtbar zu machen, schuf Geisthövel auf einer eigenen beweglichen Ebene eine Installation: »Auf der einen Seite habe ich das Tänzerische als Basis. Das kann man hier herüberfahren und somit in das Orchestrale bringen und damit beides miteinander verbinden.« Auf diese Weise habe er mehrere Transformationen in einem Werk vereint. Dazu gehört auch, dass die nacheinander einsetzenden Instrumente des Orchesters in dieser Installation symbolisiert sind.

Spätestens wenn dazu noch die passenden Töne erklingen, wird der Betrachter unweigerlich in den Bann von Ravels *Boléro* gezogen.

Franz Geisthövels Tipp

Zweimal im Jahr verwandeln die Künstler vom HausGrün das Anwesen mit der »Kunst im Garten« in eine Freiluftgalerie – die Besucher können dann entspannt von Kunstwerk zu Kunstwerk flanieren und die Arbeiten auf sich wirken lassen.

ZweiTälerLand, Schönwald, Königsfeld

Adrian Burger

Der Bildhauer der 1000 Gesichter

Wenn zur Schwäbisch-Alemannischen Fasnacht die Narren durch die Straßen ziehen, tragen viele die Arbeiten von Adrian Burger zur Schau. Stolze 120 Narrenzünfte gehören zum Kundenkreis des Holzbildhauers. Ob es sich dabei um eine Maske oder um eine Larve handelt, hängt von der Region ab. Für alle jedoch gilt: »Bei mir gibt es keine Einheitsgröße – jede Maske ist eine Einzelanfertigung, wird komplett von Hand geschnitzt und individuell auf das Gesicht des Trägers angepasst.«

Zur Holzbildhauerei kam Adrian Burger durch seinen Onkel Konrad Wernet. »Mich hat das schon als kleiner Bub fasziniert, bei ihm in der Werkstatt zu sein.« Irgendwann reifte der Gedanke, das auch machen zu wollen. »Man hat ja zugeguckt und durfte dann auch selbst was probieren.« Große Schnitzarbeiten blieben ihm zunächst vorenthalten. Als Jugendlicher half er jedoch schon beim Schleifen, Malen und Lackieren aus. So lag es nahe, beim Onkel in die Lehre zu gehen. Das war im Jahr 1980 – drei Jahre später schloss der Elzacher diese als zweiter Landessieger ab. Nach mehreren Gesellenjahren folgten 1988 die Prüfung zum Holzbildhauermeister und anschließend die Selbständigkeit. Für ihn war dieser Schritt schon bei Antritt der Lehre klar. Zum einen gebe es kaum Arbeitsstellen für Gesellen, so Burger, und: »Auch wenn ich einen Mitarbeiter anstellen würde und jemand bestellt etwas bei mir, dann möchte der ja die Arbeit aus meiner Werkstatt. Das heißt, das muss nach meinem Gusto sein. Als Holzbildhauer möchte man sich ja verwirklichen und seine Ideen umsetzen. Das ist als Einzelkämpfer einfacher.«

Sein Arbeitsfeld beschreibt Adrian Burger als sehr vielfältig: »Der Holzbildhauer macht im Prinzip alles, was man aus Holz schnitzen kann.« Dazu gehören Figuren, Grabmale und Schriftgestaltungen, aber auch Entwurfsarbeiten für Bronzegüsse. Schwerpunkt seiner Arbeit sind die Masken. »Elzach ist durch seinen engen Bezug zur Fasnet bekannt. Im Tal haben schon früh die ersten beruflichen Bildhauer das Thema Larve – so heißen im Elztal die Masken – in die Schwäbisch-Alemannische Fasnet hineingetragen. Dadurch ist das ein sehr großer Bereich meiner Arbeit geworden.« Allein

ADRIAN BURGER
Georg-Rapp-Straße 5 • 79215 Elzach • Tel. 07682/92 15 76 • holzbildhauerei-burger.de
Öffnungszeiten nach Vereinbarung

Adrian Burgers Tipp

In Elzach-Oberprechtal gibt die Hammerschmiede Einblicke in die Schmiedekunst von vor 200 Jahren. Die mit drei Wasserrädern betriebene Werkstätte entstand 1829 und war bis in die 1980er-Jahre in Betrieb. Ab 2013 wurde die Schmiede vollständig renoviert und als Museum hergerichtet.

der Elzacher Narrenzunft gehören über 1500 Hästräger (Narrengewandträger) an.

Neben den großen traditionellen Zünften kommen auch viele kleinere Gruppen und Cliquen zu ihm, die keiner Vereinigung angehören. Auf Wunsch entwirft Adrian Burger für diese Gruppen passende Masken oder in Einzelfällen gar ein komplettes Häs, also das gesamte Kostüm. »Aber in der Regel bringen die schon bestimmte Vorgaben und Ideen mit, und das setzt man dann um.« Den ersten Entwürfen folgt ein Modell der Maske. Genauso entstehen auch seine figürlichen Arbeiten. Als Beispiel nennt der Elzacher eine Stele, auf der eine Figur mit ausgebreiteten Armen als Willkommensgruß gesetzt werden soll. Neben der Veranschaulichung des Werks für den Kunden helfen ihm die Skizzen und Entwürfe bei der Planung, wie viel Material er in welcher Stärke braucht.

Er selbst sieht sich übrigens nicht als Künstler, sondern als Kunsthandwerker. »Ich habe ein Handwerk erlernt. Da gehört es einfach dazu, dass man weiß, wie es geht.« Gern führt er hier ein Zitat des früheren Stuttgarter Oberbürgermeisters Manfred Rommel an: »Wenn es handwerklich nicht so perfekt wäre, dann wäre es Kunst.« Dementsprechend war es für den Bildhauer während der Lehrzeit zuerst einmal wichtig, die richtigen Proportionen zu erlernen sowie den Umgang mit den Werkzeugen zu beherrschen. »Erst dann kannst du ein Giacometti werden.« Gemeint ist der schweizerische Bildhauer Alberto Giacometti, der in den 1920er-Jahren durch seine extrem langen und schlanken Skulpturen bekannt wurde.

Das Technische sieht Burger als den Gradmesser, mit dem sich der Kunsthandwerker vom Hobbykünstler abheben muss: »Man sieht, ob jemand bewusst die Proportionen verändert – oder ob er es einfach noch nicht kann.« Das gelte auch für Larven. »Hier gibt es viele, die schön, die cool und klasse sind. Aber wenn ich das aufs Handwerk reduziere, dann fehlen einfach gewisse Dinge von der Schnitzform und der Messerführung.« Genauso ist ihm die kritische Betrachtung seiner eigenen Werke wichtig: »Es gibt selten Dinge, die ich ein zweites Mal genauso umsetzen würde. Man lernt ja mit jeder neuen Arbeit etwas dazu.«

Für den Elzacher sind Veränderungen normale Prozesse. So unterliege ja auch die Fasnet oder Fasnacht einem steten Wechsel. »Seit 10, 15 Jahren tauchen in der Schwäbisch-Alemannischen Fasnet auch der Krampus und Perchte auf.« Der Krampus ist ursprünglich eine Schreckgestalt in Begleitung des Heiligen Nikolaus, Perchte sind als Teil des bayerisch-österreichisch alpenländischen Brauchtums traditionell von Ende November bis Januar. »Beide haben also mit der eigentlichen Fasnacht nichts zu tun. Das zeigt, wie sich die Fasnacht verändert«, so Adrian Burger. Umso schöner findet es der Bildhauer, wenn neue Narrenzünfte bei ihrer Gestalt Lokalkolorit und einen Bezug zu einem bestimmten Ort, zu einer Geschichte oder Sage zeigen und dieses dann auch mit der Maske umgesetzt haben wollen.

Adrian Burger ist eine feste Größe in der Fasnet von Elzach. Neben unzähligen Masken erschafft der Bildhauer kunstvolle Figuren und Skulpturen sowie auch besondere Grabmale aus Holz.

Café Märchengarten

Andreas Tritschler eröffnet seinen Gästen zauberhafte Welten

Der Besuch im *Café Märchengarten* gleicht einem Ausflug ins Reich der Fantasie. Schon von Weitem sichtbar ist ein Storchenpaar, das hoch oben auf seinem Turm über den Garten wacht. Zu seinen Füßen scharen sich die Sieben Zwerge treu um ihr schönes Schneewittchen, während Dornröschen friedlich schlummernd auf den erlösenden Kuss des Prinzen wartet. Um die 80 Märchenfiguren wohnen inmitten von Gärten und Teichen, in mit Balustraden, Erkern und Zugbrücken versehenen Burgen und in schindelgedeckten Häuschen. Sie alle ziehen Kinder und Erwachsene gleichermaßen in ihren Bann.

Alles ist hier im Miniaturformat aufgebaut, doch riesig ist die Freude der Besucher beim Entdecken der Figuren und ihrer Geschichten, auch der Lausbuben und ihrer teils fiesen Streiche. Und das schon seit Mitte der 1950er-Jahre. Die Idee, all die Märchen liebevoll in Szene zu setzen, hatte der Schreiner und Krippenbauer Albert Ambs, der Großvater von Andreas Tritschler. Als erstes Gebäude entstand ein originalgetreues Mini-Schwarzwaldhaus samt Mühle und Backhaus, Speicher und Schnapsbrennerei sowie einer Hofkapelle. Was im zunächst kleinen Rahmen anfing, erweiterte sich mit den Jahren zu einer märchenhaften Welt, für die so mancher Bewohner gern eine weite Anfahrt zurücklegt. »Zahlreiche der Figuren stammen von einem alteingesessenen Puppenmacher aus Fürth«, erzählt Andreas Tritschler. Viele der Kleidchen hingegen wurden von einer älteren Dame genäht und sind damit Unikate. Schließlich schickt es sich ja nicht, Prinzessinnen und ihren Hofstaat mit Klamotten von der Stange einzukleiden.

Bald hatte sich die Attraktion im Simonswälder Tal herumgesprochen. Den Besuchern auch Kaffee und Kuchen anzubieten, erschien also logisch. Die Anfänge beschreibt der heutige Caféinhaber als bescheiden: »Beim Entrümpeln vom Speicher habe ich noch ein paar alte Rechnungen gefunden. Da hat mein Opa zehn Backsteine gekauft und einen Sack Zement. Er hat ja als Schreiner in Freiburg gearbeitet. Wenn er Lohn bekommen hat, hat er das hier Stück für Stück aufgebaut.«

CAFÉ MÄRCHENGARTEN
Familie Tritschler • An der Niederbruck 18 • 79263 Simonswald
Tel. 07683/252 • cafe-maerchengarten.de
Öffnungszeiten: täglich 9–20 Uhr, Do/Fr Ruhetage

Andreas Tritschler selbst half schon in jungen Jahren hinter der Theke aus. Über seinen Vater ging der Märchengarten mitsamt dem Café im Jahr 1995 an ihn. Es hätte aber auch anders laufen können: »Ich hatte zuerst ein Praktikum als Schreiner gemacht. Das hat mir auch sehr gut gefallen.« Nach einem zweiten Praktikum als Bäcker entschied er sich dann aber für eine Ausbildung zum Konditor. Mit seinem Abschluss änderten sich die Abläufe im Café: »Wir haben früher die Kuchen geliefert bekommen. Mein Opa war ja Schreiner und mein Vater Kaufmann. Ich bin in die Gastronomie hineingewachsen und war dann der Erste in der Familie, der Konditor gelernt hat.« Daneben musste sich Andreas Tritschler einiges an handwerklichem Geschick aneignen. Schließlich gebe es an den Miniaturbauten immer etwas zu tun. Selbst die Lausbuben Max und Moritz oder auch Meister Eders Pumuckl verlangen eine gehörige Portion an Pflege und Aufmerksamkeit.

Damit alles gut in Schuss bleibt, hat das Café zwei Ruhetage in der Woche. Wobei »Ruhetage« die Sache nicht wirklich trifft: »Ich verbringe auch mal einen ganzen Tag im Garten. Mit Zurückschneiden, alles ein wenig restaurieren. Das braucht schon Zeit«, so Tritschler. Zur Adventszeit wechselt außerdem die Kulisse: Innerhalb von zwei bis drei Wochen setzt der Konditor verschiedene Wintermärchen in Szene und baut eine Weihnachtskrippe mit großen Figuren auf. Den Spaß daran, sich um Rapunzel, Frau Holle oder das Tapfere Schneiderlein zu kümmern, habe er jedoch nie

Andreas Tritschler entführt seine Gäste mit dem Märchengarten seines Cafés in die Welt von Prinzessinnen, Lausbuben und – scheinbar – wagemutigen Draufgängern. Dabei geraten auch Erwachsene leicht ins Schwärmen.

verloren. Er lacht. »Ja, sonst würde ich's nicht machen. Gerade die ältere Generation sieht, was da alles an Arbeit drinsteckt. Ich wundere mich immer wieder, wie viele mit ihren Enkeln herkommen. Die Märchen bleiben eigentlich immer bestehen. Selbst heute in dieser schnelllebigen Welt.«

Auch wenn das meiste im Freien aufgebaut ist, lohnt sich der Besuch auch an Schlechtwettertagen. Im Eingangsbereich des Cafés heißen einen die Bremer Stadtmusikanten willkommen, und im Inneren läuft man an einer Vitrine vorbei, in der eine auf einer Drehscheibe montierte Lok vor einem Bahngebäude und einem Tunnel zu sehen ist – das Modell ist schon 50 Jahre alt, der Motor der Drehscheibe jedoch immer noch voll funktionstüchtig. Der Blickfang befindet sich zwischen den Scheiben des Gastraums. Der nur schmale Raum wird von einer schwäbischen Landschaft mit Stadtmauern, Türmen und dem Fachwerkbahnhof von Neuffen gefüllt. Drehen wir uns etwas zur Seite, so rückt der Schwarzwald ins Bild: Hier fährt ein originalgetreuer Nachbau der Breisgau-Bahn am Freiburger Martinstor-Bahnhof vorbei zu einem Rummelplatz, wo neben Losbuden und einer Geisterbahn ein Riesenrad in die Höhe ragt und das Festzelt mit herzhaften Speisen, tagsüber aber auch mit Torten und Kuchen lockt. Das trifft sich gut, denn auch dafür ist das *Café Märchengarten* natürlich bekannt.

Unser Tipp

Der 1584 erbaute Jockenhof veranschaulicht mit über 2000 Ausstellungsstücken, darunter einer funktionstüchtigen Schwarzwälder Trachtenhutpresse, das Wohnen und Arbeiten im Simonswälder Tal in früheren Jahrhunderten.

Gekochter Käsekuchen

Andreas Tritschlers Käsekuchen-Variante lässt sich gut schon zwei Tage vor dem Verzehr zubereiten.

Zutaten
Für eine Springform (Ø 26 cm)

Für den Biskuitboden
3 Eier (M)
120 g Zucker
90 g Mehl
1 Prise Salz
2 TL Backpulver
Butter zum Einfetten der Springform

Für die Käsekuchenmasse
500 ml Milch
100 g Vanillecremepulver
180 g Zucker
750 g Quark
5–6 Eier (Größe L, für 220 g Eiweiß)

Zubereitung
Für den Biskuitboden die Eier mit dem Zucker rund 5 Minuten lang schaumig schlagen, bis sich das Volumen in etwa verdoppelt hat und die Masse dickflüssig geworden ist.

Den Backofen auf 180 °C Ober-/Unterhitze (Umluft 160 °C) heizen.

Das Mehl mit Salz und Backpulver mischen, über die Eimasse sieben und vorsichtig mit einem Schneebesen unterziehen, ohne dass Klümpchen entstehen. Darauf achten, dass die Eimasse möglichst luftig bleibt.

Die Springform einfetten, den Teig einfüllen und im vorgeheizten Ofen etwa 20 Minuten backen. Danach den Teig mit einem Messer vom Rand lösen, den Biskuitboden auf ein Kuchengitter stürzen und abkühlen lassen.

Für die Käsekuchenmasse die Milch mit dem Vanillecremepulver und 90 g Zucker im Topf aufkochen.

Anschließend in drei Etappen den Quark unterrühren, den Topf dabei auf dem Herd belassen, bis es eine feste Masse ergibt.

Die Eier trennen, 220 g Eiweiß mit den übrigen 90 g Zucker steif schlagen und ebenfalls in drei Etappen unter die Quark-Vanille-Masse rühren.

Einen Tortenring um den Biskuitboden legen und die Quarkmasse einfüllen.

Zwei Eigelbe mit einer Gabel verquirlen und mit einem Pinsel vorsichtig die Quarkmasse abstreichen.

Bei 280 °C Oberhitze im Ofen 3–4 Minuten lang abflämmen. Dadurch bekommt die Masse oben eine schöne Haut.

TIPPS
Den gekochten Käsekuchen kühl stellen und ziehen lassen – nach ein bis zwei Tagen wird der Geschmack dadurch noch besser. Der Biskuitboden kann alternativ auch fertig gekauft werden.

Martin Schonhardt

Der Bildhauer vereint unterschiedlichste Stoffe in seinen Werken

Durch das Simonswälder Tal führt eine bekannte Route von der Ferienregion ZweiTälerLand in den Hochschwarzwald sowie auch nach Villingen-Schwenningen im Schwarzwald-Baar-Kreis. Weil sich mit der Strecke außerdem der Ballungsraum Freiburg umfahren lässt, herrscht auf der Talstraße oft reger Verkehr. Aufmerksamen Verkehrsteilnehmern fällt südlich vom Hauptort Simonswald ein Schaukasten mit einigen Kunstwerken auf – befüllt wird dieser von Martin Schonhardt. Den Bildhauer treffen wir einen Katzensprung entfernt in seinem Atelier.

Martin Schonhardt hat mehrere Bildungsgänge absolviert: An die Lehre zum Holzbildhauer schloss er eine zweite Ausbildung zum Steinbildhauer an. Es folgten vier Semester an der Fachschule für Gestaltung und Steintechnik in Freiburg. Als 26-Jähriger schloss er diese 1989 als Meister und staatlich geprüfter Gestalter ab. 1992 erfolgte schließlich der Schritt in die Selbstständigkeit.

Beim Betreten seiner Werkstatt fallen zunächst zahlreiche Köpfe aus Ton auf. »Das sind alles Modelle von Arbeiten, die in verschiedenen Größen umgesetzt wurden. Das geht skizzenhaft los, dass ich einen Entwurf zeichne und meine Ideen auf Papier bringe.« Im nächsten Schritt hilft das Tonmodell, das Dreidimensionale zu veranschaulichen. Sobald dieses seinen Vorstellungen entspricht, setzt er das eigentliche Kunstwerk in Holz und Stein sowie auch in Metall und sogar Beton um. Die Vielfalt der eingesetzten Werkstoffe mag den ein oder anderen verwundern. Tatsächlich aber zeichnet genau dies die Arbeiten des Simonswälders aus. So findet bei unserem Besuch eine Bronzefigur einen für sie passenden Rahmen in einem länglichen und nur grob bearbeiteten Holzklotz – allein durch diesen Raum entfaltet die Figur eine deutlich stärkere Wirkung.

Das Thema »Raum und Mensch« ist zugleich sein künstlerischer Schwerpunkt. »Wir bewegen uns ja alle in unseren Rahmen – mal freiwillig, mal zwanghaft.« Einen großen Einfluss auf sein Schaffen haben hier sein Umfeld und seine Mitmenschen. Schonhardt: »Wenn ich im Café sitze und Leute beobachte, bleibt oft eine Idee im Kopf hängen – zum Beispiel von einem Ereignis, bei dem ich denke, ja, das

MARTIN SCHONHARDT
Talstraße 51 • 79263 Simonswald • Tel. 07683/1667 • bildhauer-schonhardt.de
Besuchstermine nach Vereinbarung

ist eine typische Situation unter Menschen. Dies versuche ich dann in künstlerischer Form umzusetzen.« Auslöser können Gespräche und Alltagsbegebenheiten sein, aber auch, wie sich Menschen aufregen oder Kinder etwas verschütten und was dann plötzlich dramatisiert wird. »Wenn mir das Ereignis die nächsten Tage in den Gedanken bleibt, dann skizziere ich das oft für mich.«

Auf die Frage, ob Menschen in seinem Umfeld aufpassen müssen, wie sie sich verhalten, lacht er. »Nein, die müssen gar nicht aufpassen, sondern sich ganz normal verhalten. Es geht ja gar nicht um die Person an sich, sondern um die Geste, aus der dann eine Arbeit entsteht. Wir sind soziale Wesen und haben einen bestimmten Umgang miteinander – und das fließt in meine Arbeit mit ein. Das ist so ein bisschen wie im Theater, wo man bestimmte Situationen immer wieder sieht.« Bei der Umsetzung seiner Ideen greift der Bildhauer gern auf Materialien zurück, die ursprünglich eine andere Funktion erfüllten. Als Beispiel zeigt er hier einen Balken mit Löchern für Holzzapfen. »Der ist schon über 100 Jahre alt und erzählt natürlich durch seine Biografie etwas. So ein Holz zu verwenden, zu verarbeiten und mit meinen Arbeiten aus der Jetztzeit zu kombinieren, fordert mich heraus. Ich habe da großen Respekt vor der damaligen handwerklichen Leistung, die ohne maschinelle Hilfsmittel vollbracht wurde.«

Seiner künstlerischen Verwirklichung steht die handwerkliche Tätigkeit gegenüber. Hierzu zählt Martin Schonhardt seine Krippenfiguren

Der Bildhauer Martin Schonhardt zeichnet sich durch seine Vielfältigkeit aus. Neben der Restaurierung und Konservierung sakraler Kunst sowie der Gestaltung besonderer Ruhestätten gibt er seinen Skulpturen Räume zur Entfaltung.

– wobei die Übergänge fließend sind: Neben den klassischen Krippen kann es auch hier ins Künstlerische gehen, bei dem die Figuren in einem extra für sie geschaffenen Rahmen arrangiert werden. »Für mich gehört eine stimmige Gesamtkomposition dazu, dass man sich fragt, wie stelle oder präsentiere ich die Figuren?« Neben den zumeist handlichen Krippen entstehen in seinem Atelier auch Figuren für große Krippen. Ein bekanntes Beispiel findet sich zur Adventszeit in der Heilig-Geist-Kirche in Mönchweiler: Die Gemeinde hat ihre Krippe ab 1975 aus Spendengeldern peu à peu zusammengetragen. Mit den rund einen Meter hohen Heiligen Drei Königen aus Kirschbaumholz vervollständigte Martin Schonhardt die Krippe – gut 40 Jahre, nachdem man mit der Krippe begonnen hatte.

Martin Schonhardts Tipp

Nicht weit weg vom Atelier steht die Kulturhistorische Ölmühle von Simonswald, ein Kulturdenkmal der Landbevölkerung. Zu den Öffnungszeiten zwischen Ostern und Allerheiligen werden hier jeden Donnerstagvormittag Strieble oder frisch gebackenes Brot angeboten.

Weitere öffentlich installierte Figuren drehen sich um die Schwäbisch-Alemannische Fasnacht. So stammen die Narrenbrunnen in Tennenbronn, im Freiburger Stadtteil St. Georgen sowie auf dem Rathausplatz von Hochemmingen von ihm. Für die Landesgartenschau in Überlingen gewann er mit seinem Schaugrab den Wettbewerb »Liebevolle Orte der Erinnerung«.

Wolfgang Eckert

Der Steinbildhauer erschafft einzigartige Porträts

Wer im Sommer als Wanderer in Bregenbach unterwegs ist, passiert zwischen dem Kohlerwald und dem Vogtshansenhof das Grundstück von Wolfgang Eckert. Mit etwas Glück fallen dabei bereits vom Wanderweg aus mehrere große Kunststücke auf, welche die Wiese rund um das 200 Jahre alte Gebäude in eine Freiluftausstellung verwandeln: Liegende und stehende Männer sowie überdimensionierte Köpfe wurden in Beton gegossen. Andere Werke des Künstlers sind Bronzegüsse oder bilden eine Komposition aus mehreren Werkstoffen wie Stahl, Eisenoxid, Gips, Pigmenten und Erde.

Den Urheber der Figuren und Plastiken treffen wir in seiner Werkstatt. Seit bald 30 Jahren beschäftigt er sich mit auf die Architektur bezogener Gestaltung von Sakralräumen. Bekannt ist er für seine Porträtplastiken. Zu den bekanntesten Persönlichkeiten, denen er mit seinen Werken ein Denkmal setzte, zählen Karl Amadeus Hartmann in der Ruhmeshalle München, Sophie Scholl in der Gedenkstätte Walhalla und Papst Benedikt XVI. im Freiburger Münster.

Auf die Frage, wie man eigentlich Künstler wird, erklärt Wolfgang Eckert: »Ich glaube, dass viele so etwas machen könnten. Entscheidend ist, ob und wie man den Zugang dazu findet.« Sein Zugang war der Schulunterricht. »Ich hatte einen Werklehrer, der uns als Aufgabe gegeben hat, den Deckel einer Truhe abzurunden.« Wer Lust hatte, durfte das Holz zudem mit einem Ziermesser bearbeiten. Der damals 12-Jährige hatte in einem Kaufhaus Kerbschnitzwerkzeuge gesehen und sich diese für die Aufgabe in der Schule gewünscht. Wie die Geräte heißen, wusste er zu der Zeit nicht, wohl aber hatte er erkannt, was man damit machen kann. »Ich habe dann Blumen auf die Truhe gezeichnet und ausgearbeitet.« Als glückliche Fügung sieht er es heute, dass die Werkzeuge für den Hobbybedarf gedacht und bereits geschärft waren. »Normalerweise sind Schnitzwerkzeuge noch gar nicht scharf, wenn man sie kauft. Mir ist es dadurch fast wie durch ein Wunder gelungen, erkennbare kunsthandwerkliche Blumen in die Truhe zu schnitzen.«

Der gelungene Auftakt motivierte ihn, mehr auszuprobieren. Dieses Mal fragte er

WOLFGANG ECKERT
Unterbregenbach 9 • 78120 Furtwangen • Tel. 07723/78 52 • bildhauer-eckert.de
Besuchstermine nach Vereinbarung

seine Eltern nach einem Holzklotz aus Linde. »Ich war noch gar nicht besonders kreativ in der Themenwahl und habe den Lahrer Hinkenden Boten auf den Klotz aufgezeichnet und dann angefangen zu schnitzen.« Bis zur Fertigstellung verstrich ein Jahr. Eckert: »Ich habe völlig unwirtschaftlich daran gearbeitet – weil die Figur viel kleiner wurde als der Klotz. Ich habe also unnütz viel Material abgestemmt.« Allein das Ergebnis zählte, denn am Schluss hielt er seinen Lahrer Hinkenden Boten in Händen. Bald staunten Besucher darüber, was für eine tolle Figur sich seine Familie doch leisten konnte. »Ich habe dann gedacht: ›Gut, wenn man das für etwas hält, was als kaufenswert angesehen wird, dann könnte ich das doch weiter probieren.‹«

Nach der Schule fand der gebürtige Furtwanger allerdings keinen Ausbildungsplatz zum Holzbildhauer. Stattdessen durchlitt er eine Steinmetzlehre, bei der er reichlich Hilfsarbeiten ausführte und als billige Arbeitskraft diente. »Man hatte beim Bewerbungsgespräch vorgegeben, dass man gestalten würde. Aber im Grunde wurden die Steine gekauft und die Schriften aufgeklebt.« Zu seinen Aufgaben zählte es, fertige Grabsteine auf dem Friedhof mit aufzustellen. Die Lehre war somit bestens geeignet, um zu resignieren. Doch »das hat einen gewissen Zorn in mir erregt, was dann noch mehr Schub erzeugt hat«. Schließlich landete er bei einem Künstler in Würzburg, der ihn als freien Mitarbeiter einstellte. »Da habe ich den Entschluss gefasst, mich bei der Kunstakademie in München zu bewerben.«

Wenn Wolfgang Eckert seine Kunstwerke bewegt, sind damit nicht selten tonnenschwere Lasten verbunden. Entsprechend raumwirkend sind seine Plastiken. So ist sein *Danuvius* am Donauursprung ein viel fotografiertes Motiv.

Einer seiner Professoren, Hans Ladner, setzte den Schwerpunkt auf die figürliche Bearbeitung. Das passte zu Eckerts Vorstellungen: »Für mich war das figürliche Arbeiten das entscheidende Ziel, mich bildhauerisch zu verwirklichen und zu entwickeln.« In München klappte es auch privat: Dort lernten sich Wolfgang Eckert und Julia Elsässer kennen. Im letzten Jahr des Studiums heirateten die beiden. Wie es danach weitergehen sollte, stand zunächst in den Sternen. »Wir haben uns mehrere Gebäude und mögliche Ateliers angeschaut – und kamen zu dem Ergebnis, dass kein Ort so schön ist wie der in Bregenbach.« 1994 kehrte Wolfgang Eckert schließlich wieder zurück in die Heimat, wo er sein Atelier im Untergeschoss des alten Gebäudes einrichtete.

Als ein wichtiges Thema entstand hier seine Reihe *Totentanzzyklus*. Auslöser für die schaurig anzusehenden Figuren waren Gespräche mit Professor Eduard Saluz vom Deutschen Uhrenmuseum in Furtwangen: »Bei einer Atelierführung kam ihm die Idee, zum Thema Zeit etwas zu gestalten.« Wie die Umsetzung aussehen könnte, war zunächst unklar. Wohl aber erkannte der damalige Direktor des Museums in den bereits bestehenden Figuren Eckerts sein Thema, »weil sie zum Teil morbide sind und auch die Vergänglichkeit thematisieren«. Bis zum ersten Totentanzzyklus *Einzeltanz* dauerte es tatsächlich noch eine Weile, dann war der passende Ausstellungsraum dafür im Museum schnell gefunden. Eckert: »Wenn im Uhrenmuseum die Menschen durchströmen und die tickenden Uhren bewundern, dann läuft ja auch ihre Zeit ab. Für mich war das der Impuls, jedem Einzelnen das Ende der Zeit bewusst zu machen.«

Wolfgang Eckerts Tipp

Oberhalb von Gütenbach – ganz in der Nähe der Werkstatt – findet man den *Balzer Herrgott*, eine Christus-Figur, die in einer Buche eingewachsen ist. Mit der sie umgebenden Ruhe ist dies einer der mystischsten Orte im Schwarzwald.

Julia Elsässer-Eckert

Die Malerin findet ihre Motive auch direkt vorm Atelier

Ihr Zugang zu Kunst und Malerei wurde Julia Elsässer-Eckert schon in die Wiege gelegt: »Mein Vater war Bildhauer. Dadurch war die Familie integriert. Meine Mutter, meine Schwester und ich haben ihm zugearbeitet, sodass er von anderen Dingen befreit war.« Zu seinen bedeutendsten Werken zählen die Altarinsel im Limburger Dom, der Kreuzweg im Fritzlarer Dom und die Gestaltung der Apsis, der Mariensäule und des Brunnens im Kreuzweg des Würzburger Doms. Parallel zur handwerklichen Mithilfe war es Hubert Elsässer wichtig, seine Kinder künstlerisch zu fördern. »Er hat dann gesagt: ›So, setzt euch mal hin, ich muss hier ein Gitter entwerfen, und ihr habt ja immer ganz tolle Ideen‹, und hat sich dann von uns inspirieren lassen.«

Während ihrer Jugend trug die gebürtige Münchnerin stets ein Skizzenbuch mit sich herum. Mit 16 habe sie dann ihrem Vater mitgeteilt, dass sie Malerei studieren wolle. Seine prompte Reaktion beschreibt die Künstlerin als ernüchternd. »Er meinte: ›Nee, das machst du nicht, weil man da nichts verdienen kann.‹« Die Bildhauerei wäre ebenfalls nichts für sie als Mädchen. Stattdessen riet er ihr, zuerst eine Handwerkslehre zu machen, wenn sie in der Kunst Fuß fassen wolle. Nach dem Abitur ging es für sie somit nach Würzburg, wo sie zur Fassmalerin und Vergolderin ausgebildet wurde. Ihr Lehrbetrieb war zu der Zeit bei der Ausgestaltung des Würzburger Doms mit Maler- und Zuarbeiten beauftragt. Rückblickend war das eine für sie sehr interessante Zeit: »Wenn das alles ausgerüstet war in den verschiedenen Etagen, konnten wir Gänge, die sonst nicht zugänglich sind, erforschen.«

Ebenfalls schon während der Lehre war Julia Elsässer-Eckert erstmals im Schwarzwald tätig, genauer gesagt in der Kirche St. Margarethen in Waldkirch, wo sie bei der Deckenmalerei mithalf. »Da habe ich den Schwarzwald praktisch nach Feierabend kennengelernt.« Der erste Eindruck – im Juni zur Heuernte, wenn die Tage lang sind – überwältigte sie: »Man fährt da hoch und findet sich plötzlich in so einem Himmelreich wieder, das mit dem unten nichts mehr zu tun hat.«

Schwierig nach dem Umzug war es allerdings für die Künstlerin, die bestehenden

JULIA ELSÄSSER-ECKERT
Unterbregenbach 9 • 78120 Furtwangen • Tel. 07723/78 52 • malerei-elsaesser-eckert.de
Besuchstermine nach Vereinbarung

Kontakte zu halten, um weiterhin von der Malerei leben zu können. So arbeitete sie in der ersten Zeit in Furtwangen für ihren Vater, vergoldete Tabernakel-Tresore und übernahm Wandgestaltungen. Letzteres war ihr durch ein Praktikum bei einem Freskomaler möglich, das sie einst gemacht hatte, da der Sprung auf die Kunstakademie nicht gleich beim ersten Versuch gelang. Im Nachhinein erwies sich dieser Umweg als Vorteil: »Es ist ein absolut tolles Fundament, weil man sich mit Farben auskennt und weiß, wie sie chemisch reagieren. Viele in meinem Studium hatten zwar tolle Ideen, wussten aber nicht, wie sie diese verwirklichen sollten.«

Zusammen mit ihrem späteren Mann (ab S. 138) gelang es ihr, einen klasseninternen Wettbewerb zur Ausgestaltung eines Kirchengebäudes zu gewinnen und umzusetzen. »Mit diesem Projekt konnten wir in Freiburg aufs Bauamt gehen und sagen, wir haben nicht nur Ideen, sondern sind auch in der Lage, sie zu realisieren und an die Wand zu bringen.« Es folgte ein erster Auftrag zur Gestaltung der Studentenkapelle. Eigentlich ein toller Einstieg, doch dann kam irgendwie alles gleichzeitig: »Wir haben hier mit dem Atelier- und Hausbau begonnen, ich hatte unseren Sohn zur Welt gebracht und zusätzlich noch die wirklich tolle Aufgabe, diese Studentenkapelle zu gestalten.«

Damit lernte sie als junge Mutter auch die Schattenseite der ruhigen Schwarzwaldidylle kennen. »Es war alles andere als einfach, nach Freiburg zu kommen – es gab keinen Tunnel, und ich stillte auch noch.« Die Anreise und die

Durch ihre Arbeit und auch ihren Mann fand Julia Elsässer-Eckert in den Schwarzwald. Mit ihren Bilderreihen vom Steineberg sowie den drei Birken vor ihrem Atelier erschafft sie Zeitzeugnisse.

tägliche Vorbereitung der Baustelle fraßen so viel Zeit, dass letztlich nur drei Stunden am Tag für die eigentliche Arbeit an den Fresken blieben. »Da wollten aber auch Leute von mir wissen, was ich da denn mache, warum ich eine konkrete Taube male und keine abstrakte. Familie und Kunst zusammenzubringen, das alte Thema hat mich voll erwischt.« 1998 brachte sie pünktlich zum nächsten großen Auftrag ihr zweites Kind auf die Welt. Die Erinnerungen an diese Zeit wühlen die heute längst etablierte Malerin immer noch auf: »Da kam der ganze Gemeinderat herein und wollte wissen, wie es vorwärtsginge. Ich steh da vorm Pfarrer mit offener Brust, muss gleichzeitig erklären und weiß, das Wasser, das ich grade auf die Wand aufgetragen habe, trocknet derweil weg. Mir ist die Welt zusammengebrochen.« Als die Kinder nach weiteren Arbeiten in Ravensburg und im Odenwald endlich groß genug waren, endeten auch die Aufträge für Wandmalereien. Sie lacht heute darüber, denn so hatte sie damals wieder die Zeit, in Ruhe das festzuhalten, was ihr auffiel. »Ich habe das immer sehr gemocht, eine Pappe mitzunehmen, mich auf einen Hocker zu setzen und spontan zu malen.« Im Lauf der Zeit sind verschiedene Serien entstanden, so etwa von drei Birken, direkt vor ihrer Terrasse. Dahinter erstreckt sich der Steineberg. Ihn hält Julia Elsässer-Eckert fest im Wandel der Jahreszeiten und spiegelt wie nebenbei damit die Idylle wider, für die der Schwarzwald so geliebt wird.

J. Elsässer-Eckerts Tipp

Oberhalb von Gütenbach bietet die Kaiserebene eine herrliche Aussicht über das Simonswälder Tal bis zum Elztal und der Rheinebene. Mit der Hintereckhütte gibt es dort auch eine urige Einkehrmöglichkeit.

Frank Faller

Der Holzbildhauermeister setzt Äpfel aus Lindenholz in Szene

Schon die Anfahrt zum Atelier von Frank Faller wird zu einem kleinen Ausflug: Mitten im idyllischen Prisental von Schönwald lebt und arbeitet der Holzbildhauermeister in einem 200 Jahre alten Schwarzwaldhaus. Eines seiner Kunstwerke lernen Urlauber bereits bei der Ankunft in Schönwald kennen: Bei der Bushaltestelle in der Ortsmitte empfängt ein lebensgroßes Paar in Tracht alle Ankommenden. Andere Figuren finden sich in den Cafés der Umgebung und zeigen damit, wie einfach es ist, Menschen fürs Kunsthandwerk zu interessieren. Als Beispiel nennt Faller eine Skulptur, die er im Jahr 2019 zum 222. Geburtstag des Bollenhuts erschaffen hat: »Das ist ein sehr moderner Kopf. Wenn die Leute ins Café kommen und den sehen, meinen sie, der Bollenhut sähe aus, als hätte die Frau Tomaten obendrauf, obwohl es für mich ja den Bollenhut darstellt.« Diese Fehlinterpretation kommt dem Künstler durchaus gelegen. »Die Leute haben automatisch ein Lächeln im Gesicht und kommen leicht mit den Gastgebern im Café ins Gespräch. Es ist ja auch mutig, so etwas auszustellen.«

Bei der Frage, wie er selbst zur Holzbildhauerei gekommen sei, muss Frank Faller überlegen. »Das ist ja über vier Jahrzehnte her. Ich hab' natürlich schon als Kind gern gezeichnet – einen Bleistift in die Hand genommen oder etwas mit Wasserfarben gemacht.« Durch ein Praktikum in einer Bildhauerwerkstatt in Triberg wurden dann die Weichen gestellt. »Damals noch als ein kleines Büble, so Kraft hat man da nicht gehabt. Aber ich fand es dort faszinierend und habe dann in dem Betrieb eine dreijährige Ausbildung zum Holzbildhauer gemacht.« Nach der Lehrzeit arbeitete er deutschlandweit in verschiedenen Bildhauereien. Während der Gesellenzeit stand bei ihm zunächst noch das Handwerk im Vordergrund. In Freiburg folgte dann die zweijährige Ausbildung zum Meister.

1996 wagte der Schönwälder den Schritt in die Selbstständigkeit und richtete seine Werkstatt im alten Hof der Großeltern im Prisental ein. Um aufzufallen, gibt es im Mittleren Schwarzwald sicher besser gelegene Orte, doch Faller meint: »Mich haben schon immer dieser Blick durch das Tal und die Ruhe hier faszi-

FRANK FALLER
Prisen 7 • 78141 Schönwald • Tel. 07722/92 09 71 • frankfaller.de
Besuchstermine nach Vereinbarung

Großeltern hatte er in jungen Jahren vorausgesagt: »Da oben mach ich mal eine Bildhauerei.« Bald stellte sich die Abgeschiedenheit des Hofs als Vorteil heraus: »Man muss nicht so die Zeiten einhalten und kann mit Maschinen oder der Kettensäge auch zur Mittagszeit arbeiten, ohne dass es jemanden stört.« Ebenso könne er bis spät in die Nacht arbeiten.

Zudem profitierte der Künstler in den 1990er-Jahren vom einsetzenden Tourismus und lebte einige Zeit von der Laufkundschaft. »Hier sind am Wochenende sicher 100, 200 Leute durchgelaufen«, erzählt Faller, so etwa auf dem Weg von Schönwald zu den nahen Triberger Wasserfällen. Damit verbunden erschien sein Atelier in Zeitschriften und Broschüren über den Schwarzwald. »Da sind große Busse vom Elsass hierhergekommen.« Kartenzahlungen gab es damals allerdings noch nicht so uneingeschränkt wie heute: »Ich bin mit denen dann nach Triberg zur Bank gefahren, während die anderen oben gewartet haben.«

Inzwischen hat sich das Geschäft grundlegend geändert. Kuckucksuhren gehören zwar immer noch zu seinem Repertoire, die Wanderer aber werden seit der Eröffnung des Premiumwanderwegs Prisental in einem weiten Bogen um seine Werkstatt herumgeleitet. Neben individuellen Bestellungen von Privatleuten und Firmen erstellt Frank Faller heute moderne Skulpturen für Ausstellungszwecke.

Eines seiner Steckenpferde ist die Serie *Pomme-sur-Prisen*, handgeschnitzte Äpfel aus heimischem Lindenholz. Dabei wird jedes Exemplar so geschnitzt, wie es das Holz vorgibt

Frank Faller liebt es, unabhängig von der Tageszeit zu arbeiten. Einen ersten Eindruck seiner Arbeit vermitteln seine Figuren in Schönwald. Als Blickfang dienen sowohl seine in Szene gesetzten Bollenhüte und die Serie *Pomme-sur-Prisen*.

– als Ergebnis unterscheidet sich jeder Apfel in Form, Größe und Aussehen von den anderen und ist somit ein echtes Unikat. Überhaupt legt er großen Wert auf Individualität, doch auch den Umgang mit Kunden findet Frank Faller spannend. Jeder sieht Farben anders und auch, wie etwas bearbeitet werden soll: Bei dem einen Auftrag soll die Skulptur am Ende fein gearbeitet werden, der andere will eine gröbere Arbeit und noch einen Schnitz mit der Kettensäge sehen. Diesen Austausch finde ich schön, wie sich ein Kunde nach und nach in das Werk hineinversetzt.«

Im Gespräch ist dem Schönwälder die Faszination für das Holz als Werkstoff deutlich anzumerken. So schwärmt er von einem jahrhundertealten Eichenholzbalken, der aus einem Abbruchhaus gerettet wurde. »Man muss dann auch überlegen, was so ein Stück Holz alles mitgemacht hat. Da sind Verfärbungen und Risse drin, da fliegt auch mal ein Nagel raus, und ich muss dann schauen, wie ich respektvoll mit dem Material umgehe.« Dazu zähle auch, möglichst viel aus dem Holz herauszuholen – schließlich wachse der Baum nur einmal. Zum Arbeitsprozess zählt für den Künstler aber auch, dass nicht immer alles gelingt und auch mal eine unfertige Skulptur aufgegeben werden muss. Solche Stücke finden bei ihm anderweitig Verwendung: »Unten hab' ich einen großen Ofen, da passen meterlange Stücke rein. Da muss ich halt dem Kunden sagen: ›Tut mir leid, es dauert noch etwas.‹«

Frank Fallers Tipp

Der Rundweg Prisen ist ein ruhiger Wanderweg durch die Wiesen und Wälder zwischen Schönwald und Triberg. Ein schönes Ausflugsziel ist der Stöcklewaldturm mit seiner Vesperstube.

Mein Sahnehäubchen

Claudia Stolz ist per Du mit ihren Gästen

Mancher Gast mag sich verwundert die Augen reiben, wenn er das Café *Mein Sahnehäubchen* betritt: Hinter der unscheinbaren Außenfassade einer Königsfelder Ladenstraße findet man ein wahres Eldorado an Dekorationsartikeln. Auf den Tischen fallen Kerzenhalter in allen erdenklichen Variationen auf, in Regalen liegen Zauberwürfel, und Tierfiguren wechseln sich mit Gläsern und Vasen ab. All das aufzulisten, was einem hier ins Auge springt, könnte leicht eine Buchseite füllen – ergibt aber keinen Sinn. Denn bis zum nächsten Besuch kann sich das alles wieder komplett geändert haben. »Das ist mein Prinzip, du kannst hier drinnen alles kaufen«, erklärt Inhaberin Claudia Stolz. »Wenn wir jetzt hier sitzen und jemand möchte unbedingt die Tischdecke, dann müssen wir alles kurz hochheben und die Tischdecke geht mit.« Dies sei tatsächlich schon vorgekommen, mache den Aufenthalt in dem Café aber auch sehr kommunikativ.

Weil auch die Lampen, Stühle und Tische im *Sahnehäubchen* gekauft werden können, unterliegt das Interieur einem ständigen Wechsel. Einfach einen gleichen Artikel nochmals auszulegen, kommt für Claudia Stolz nicht infrage: »Alles, was du siehst, ist von mir ausgewählt.« Dazu zählen sowohl neue und aktuelle Dinge, die im Trend liegen, als auch Antiquitäten, die dem Café – zumindest für eine Weile – einen besonderen Charme verleihen. Doch für alles gilt: »Es gibt jeden Artikel nur ein- oder maximal zweimal. Das gibt dir die Sicherheit, dass du etwas für dich hast und nicht 100 Leute mit demselben Gegenstand herumlaufen.« Ein Blick auf die Seite des rustikalen Tischs, den wir für das Gespräch nutzen, bestätigt dies: Der Preis ist zwar noch ausgezeichnet, daneben aber ist zu lesen »Verkauft«. Am Wochenende soll er abgeholt werden und in einem Ort 100 Kilometer weit entfernt ein neues Zuhause finden.

Selbst hat Claudia Stolz auch schon so einige Lebensstationen hinter sich. Ihre Kindheit und Jugend verbrachte sie in Sachsen, ehe sie mit den Eltern in den Westen Deutschlands zog. Nach der Ausbildung zur Wohnungsver-

MEIN SAHNEHÄUBCHEN
Friedrichstraße 9 • 78126 Königsfeld im Schwarzwald • Tel. 0162/7771748
mein-sahnehaeubchen.com
Öffnungszeiten: Mo–Fr 9–18 Uhr, Sa 10–16 Uhr

fritz-kola

walterin arbeitete sie 30 Jahre lang an verschiedenen Orten in der Gastronomie, studierte Einrichtungsdesign und organisierte Kurse in der Erwachsenenbildung. Als letzte Station im Ausland nennt sie das schweizerische Schaffhausen, wo sie acht Jahre lang einen Familienbetrieb beim Rheinfall unterstützte. Schließlich zog sie zurück zu ihren Eltern nach Königsfeld im Schwarzwald. Dort lag es nahe, sich mit dem eigenen Betrieb zu verwirklichen. »Ich habe alles zusammengeschmissen, und ja, das ist jetzt *Mein Sahnehäubchen*. Das ist für mich ein Ort, an dem sich alle wohlfühlen. Jeder soll sich hier zu Hause fühlen und sagen können: ›Das ist mein Sahnehäubchen oder meine Kirsche auf dem Kuchen.‹«

Um dieses Gefühl zu erreichen, setzt Claudia Stolz auf ein sehr persönliches Konzept. So heißt es im Café nicht Frau Stolz, sondern Claudia: »Ich duze von Anfang an alle. Hier gibt es keine Unterschiede, sondern jeder wird gleichbehandelt, und jeder darf sich hier wohlfühlen.« Zu diesem Konzept zählt auch, dass Wünsche willkommen sind. So gebe es zwar eine Karte, aber »wir gehen auf dich ein und du darfst sagen, was du gern möchtest«. Tatsächlich ändert sich neben der Einrichtung auch das Angebot ständig.

Doch es gibt auch ein paar Konstanten: So ist *Mein Sahnehäubchen* für seinen Cappuccino mit extra viel Sahne bekannt. Und donnerstags hat sich Omas Kirschstreuselkuchen eingebürgert. Hier hat sich herumgesprochen, dass dieser tatsächlich von ihrer Mutter gebacken wird.

Claudia Stolz trägt im *Mein Sahnehäubchen* immer wieder Ideen zur Dekoration zusammen. Weil in ihrem Café all dies und selbst die Stühle und Tische gekauft werden können, ändert der Raum ständig sein Aussehen.

Speziell zur Sommerzeit steht die Hauslimonade hoch im Kurs. Diese wird am Vortag angesetzt und reicht für ungefähr zwölf Gläser. Auch hier gilt: »Wer eins abbekommt, hat Glück. Sonst muss man halt auf den nächsten Tag warten.« Schnell etwas nachzuproduzieren, komme für sie nicht infrage. Schließlich bräuchten die frischen Kräuter mehrere Stunden, um gut durchzuziehen. Generell habe sich bei ihr eine Küche mit viel frischem Gemüse durchgesetzt. Zugleich hält sie den Aufwand in der Küche bewusst gering: »Wir kochen mittags immer nur ein Gericht, aber das dann tatsächlich ganz frisch und vitaminreich.« So kann sie auch immer auf Gästewünsche eingehen. Claudia Stolz: »Wir nehmen auch mal einen Gastkoch mit in die Küche und kochen dann gemeinsam.«

Auch durch solche Aktionen hat sich das *Sahnehäubchen* in der Mittagszeit zu einem beliebten Treff im Ort entwickelt. Das Publikum sei zwar gemischt, aber durch die Nähe zu mehreren Kurbetrieben kämen auch oft ältere Mitmenschen alleine ins Café. Diese versucht Claudia dann an den Stammtisch zu locken und damit die Geselligkeit unter ihren Gästen zu fördern. Der beste Überblick über das Geschehen im *Sahnehäubchen* bietet sich übrigens von der VIP-Lounge, einem Zweiertisch, der leicht erhöht auf einem Podest steht. Diesen frei vorzufinden, das ist reine Glückssache. Dann aber erlebt man als Gast schon beim Platznehmen einen ersten Sahnehäubchen-Moment.

Claudia Stolz' Tipp

Rund um Königsfeld gibt es einige schöne Wanderwege durch die Wälder, z. B. hoch zur Burgruine Waldau, einem beliebten Wander- und Ausflugsziel.

Omas Kirschstreuselkuchen

Ihn gibt es stets am Donnerstag im *Mein Sahnehäubchen.*

Zutaten

Für eine Springform (Ø 28 cm)

Für den Mürbeteig

150 g kalte Butter
100 g Zucker
1 Ei (M)
250 g Mehl, gesiebt
1 Prise Salz
Etwas Mehl für die Arbeitsfläche

Für den Belag

1½ Gläser Sauerkirschen (insgesamt 350 g Abtropfgewicht)
1 Pck. Sahnepuddingpulver (zum Kochen)

Für die Streusel

100 g weiche Butter
200 g Mehl
100 g Zucker

Zubereitung

Für den Mürbeteig die Butter mit dem Zucker cremig rühren, dann das Ei, das Mehl und eine Prise Salz mit dem Knethaken des Handrührgeräts unterarbeiten. Alles nochmals kurz mit den Händen zu einem glatten Teig verarbeiten.

Den Teig in Klarsichtfolie gewickelt mindestens 30 Minuten in den Kühlschrank stellen.

Danach den Mürbeteig noch einmal kurz durchkneten, auf der mit Mehl bestreuten Arbeitsfläche auf die Größe der Springform ausrollen und den gefetteten Springformboden damit belegen. Den Rand dabei etwa 3 cm hochziehen. Dann den Teig mit einer Gabel mehrmals einstechen.

Für den Belag die Sauerkirschen in einem Sieb abtropfen lassen und dabei den Saft auffangen. 500 ml abmessen und mit dem Sahnepuddingpulver nach Packungsrezept einen Fruchtpudding kochen und danach abkühlen lassen.

Anschließend die Kirschen dazugeben, die Masse nochmals durchrühren und auf dem Mürbeteigboden verteilen.

Zum Schluss aus Butter, Mehl und Zucker Streusel kneten und diese auf dem Kuchen verteilen.

Den Kuchen bei 200 °C Ober-/Unterhitze auf der zweiten Einschubleiste von unten etwa 35 Minuten backen.

Noch mehr Begegnungen

MARKGRÄFLERLAND UND SÜDSCHWARZWALD

Markgräfler Museum in der Frickmühle in Müllheim

Auf vier Etagen mit über 1500 m² Fläche werden Dauer- und Sonderausstellungen zu Kunst, Kultur und Geschichte des Markgräflerlands präsentiert.
www.markgraefler-museum.de

KunstPalais Badenweiler mit dem Café ARTig

Ein reichhaltiges Bühnenprogramm wechselt sich mit wöchentlichen Matinées und Ausstellungen in der Galerie ab. Im Café ARTig werden im Wechsel Kunstobjekte und Kunsthandwerk ausgestellt.
www.kunstpalais-badenweiler.de

Keramikmarkt Kandern

Jährlich Ende September versammeln sich rund 50 Keramiker auf dem Blumenmarkt.

Garten, Kunst und Handwerk in Bad Krozingen

Findet am jährlich ersten Maiwochenende im Kurpark von Bad Krozingen statt

Töpfermarkt in Waldshut

Alljährlich Mitte Oktober auf dem Viehmarktplatz nahe dem Basler Tor von Waldshut
https://toepfermarkt-waldshut.de

Rehmann-Museum Laufenburg

Das Skulpturenmuseum zeigt die bildhauerische Werk- und Arbeitsstätte und die Gießerei des Schweizer Bildhauers Erwin Rehmann.
www.rehmann-museum.ch

HOCHSCHWARZWALD

Hans-Thoma-Museum in Bernau

Das Museum zeigt eine umfangreiche Werkssammlung des in Bernau geborenen Malers zusammen mit deutscher Kunst nach 1950 und gibt Einblicke in die Kunstwelt Baden-Württembergs.

Holzschneflertage im Heimatmuseum Resenhof

Jeweils Mitte August zeigen Schnefler, wie Bauern in Bernau früher Alltagsgegenstände aus Holz fertigten. Zeitgleich findet ein Naturpark-Markt statt.
www.bernau-schwarzwald.de

Kunst- und Handwerkermarkt Bernau

An jährlich wechselnden Terminen findet der Markt in Kurhaus, Rathaus und im Pfarrraum sowie im Außenbereich statt.
www.hankun-veranstaltungen.de

Internationales Bildhauer-Symposium

Jeweils Ende August bis Anfang September können in St. Blasien Besucher mitverfolgen, wie aus Baumstämmen Skulpturen entstehen.
www.stblasien.de/freizeit-tourismus

Kulturhistorisches Kreismuseum St. Blasien

Kulturgeschichte der Domstadt und ihrer Umgebung mit Exponaten aus den Bereichen Archäologie, Geschichte, Kunst und Handwerk
www.landkreis-waldshut.de

Schwarzwaldhaus der Sinne in Grafenhausen
Im Foyer zeigen Künstler aus der Region ihre Bilder und Skulpturen.
www.schwarzwaldhausdersinne.de

Kunst- und Handwerkermarkt Hinterzarten
Findet jährlich in der Woche nach Pfingsten mit 65 Ausstellern in und rund um das Kurhaus in Hinterzarten statt
www.hankun-veranstaltungen.de

DREISAMTAL, FREIBURG, EMMENDINGEN

Schwarzwälder Kunsthandwerkertag in Oberried
Markt mit Holz-, Metall-, Keramik- und Porzellanarbeiten sowie Schmuck, Seifen, Malerei, Floristik und Steinskulpturen
www.kunsthandwerkertag-oberried.de

Kunsthandwerkermarkt Freiburg
Seit 40 Jahren verwandeln Anfang September Künstler und Kunsthandwerker die Gassen zwischen Münster und Augustinerplatz in eine Kunstgalerie.
https://kunsthandwerkermarkt-freiburg.de

Freiburger Keramiktage
Jährlich im Juni stattfindender Töpfermarkt mit rund 50 Ausstellern auf dem Platz um den Alten Wiehrebahnhof

Galerie für Gegenwartskunst E-Werk Freiburg
Ausstellungen und Projekte zeitgenössischer Künstler, sowohl regional als auch international
www.oberrhein-galerien.info

Emmendinger Künstlermarkt
Der traditionelle Frühjahrs-Künstlermarkt findet eine Woche vor Ostern in der Emmendinger Altstadt statt.
www.spielspirale.de/kuenstlermarkt.htm

Töpfer- und Kunstmarkt Wasenweiler
Der Markt Anfang September gilt als Geheimtipp für Liebhaber der Keramikkunst in Ihringen am Kaiserstuhl.
www.ihringen-touristik.de

ZWEITÄLERLAND, SCHÖNWALD, KÖNIGSFELD

Kunsthandwerkmarkt Elzach
Für Designliebhaber und Schwarzwaldfans: An zwei Tagen werden in Elzach u.a. Kunstwerke, Fotografien und Handwerksgegenstände unter freiem Himmel angeboten.
www.zweitaelerland.de

Künstlervereinigung im Wisdishof
In Simonswald arbeiten im Wisdishof Künstler, Fotografen und Filmemacher unter einem Dach (mehrere Veranstaltungen im Jahr).
www.wisdishof.de

GeorgScholzHaus Kunstforum Waldkirch
Der Kunstverein zeigt in seiner Galerie Ausstellungen zeitgenössischer Kunst.
www.georg-scholz-haus.de

Register

REZEPTE

Impressum

Verantwortlich: Lea Niesler
Idee & Konzeption: Angelika Dietrich
Lektorat: Anette Späth
Layout: Elke Mader
Kartografie: Bruckmann Kartografie, Heidi Schmalfuß
Repro: LUDWIG:media
Herstellung: Bettina Schippel
Printed in Poland by CGS Printing sp.O.o.

★★★★★

Sind Sie mit diesem Titel zufrieden? Dann würden wir uns über Ihre Weiterempfehlung freuen. Erzählen Sie es im Freundeskreis, berichten Sie Ihrem Buchhändler oder bewerten Sie bei Onlinekauf. Und wenn Sie Kritik, Korrekturen oder Aktualisierungen haben, freuen wir uns über Ihre Nachricht an J. Berg Verlag, Postfach 40 02 09, D-80702 München oder per E-Mail an lektorat@verlagshaus.de.

Unser komplettes Programm finden Sie unter www.j-berg-verlag.de

In diesem Buch wird aus Gründen der besseren Lesbarkeit das generische Maskulinum verwendet. Weibliche und anderweitige Geschlechteridentitäten werden dabei ausdrücklich mitgemeint, soweit es für die Aussage erforderlich ist.

Empfehlung der Redaktion
Sie sind auf der Suche nach weiterführender Literatur? Dann empfehlen wir Ihnen den Titel »Hofläden und Manufakturen Schwäbische Alb« von Antje Gerstenecker. Oder Sie werfen einen Blick in den Titel »Cafés und Ateliers in der Pfalz« von Marion Landwehr. Hier werden Sie bestimmt fündig.

Bildnachweis: Alle Bilder im Innenteil und auf dem Umschlag stammen von Lars und Annette Freudenthal, mit Ausnahme von S. 6/7, 13: Mathias Hartmann; 34 unten: Uschi Yankson-Bellon; 49: Hannelore Zanotti; 55, 59: Erika Zoubkov; 117: Katrin Geisthövel; 138, 140, 143, 144 unten Wolfgang Eckert und Julia Elsässer-Eckert; 148 unten, 149: Frank Faller
Umschlagvorderseite: Sternsucher von Simon Stiegeler (Kapitel 14), Einklinker: Café Rosalie (Kapitel 12)
Umschlagrückseite: Blick ins Café Rosalie (Kapitel 12)

Die Deutsche Nationalbibliothek verzeichnet diese Publikation in der Deutschen Nationalbibliografie; detaillierte bibliografische Daten sind im Internet über http://dnb.d-nb.de abrufbar.

Infanteriestraße 11a
80797 München

ISBN 978-3-86246-925-3